D1725910

ZAWSZE

JEST CIĄG

DALSZY

Redakcja: Mariusz Burchart
Korekta: Jolanta Gomółka
Rysunki: Jakub Skrzypek
Projekt graficzny okładki: Krzysztof Rychter
Zdjęcie na okładce: Mikołaj Grynberg
Zdjęcie autorki: Maciej Zienkiewicz/Agencja Gazeta
Opracowanie graficzne: Maciej Trzebiecki
Redaktor prowadzący: Katarzyna Kubicka

**Wydawnictwo
Agora**

ul. Czerska 8/10, 00-732 Warszawa

ISBN: 978-83-268-3806-4

Druk: Drukarnia Opolgraf

JUSTYNA DĄBROWSKA

ZAWSZE JEST CIĄG DALSZY

ROZMOWY Z PSYCHOTERAPEUTAMI

Pani Wiesławie Łodej-Sobańskiej
z wdzięcznością

W oknie okrąg zwyczajnego księżyca,
w małym wietrze goła gałąź się słania,
tylko ociężalej idzie niebem Mała Niedźwiedzica,
jakby w oczach miała piach niewyspania,
tylko Orion się pochyla nie tak rześko nad dachami,
jak pochylał się temu trzy lata,
tylko wiatr przejmuje bardziej jesiennymi powiewami,
tylko rano ptak niżej lata.

Witold Dąbrowski (1933-1978)

SPIS TREŚCI

DOJRZAŁAM

Ora Dresner
(ur. w 1948 r. we Wrocławiu)

W 1964 wraz z rodziną wyemigrowała do Izraela. Studiowała filozofię
i psychologię na Uniwersytecie Hebrajskim w Jerozolimie. Psychoanalityczka,
należy do British Psychoanalytic Association, psychoterapeutka dzieci
i młodzieży, superwizorka. Od 1977 r. mieszka i pracuje w Londynie.
Prowadzi poradnię Camden Psychotherapy Unit, która oferuje m.in.
niskopłatną psychoterapię osobom dorosłym. Wykłada w Tavistock Clinic.
Od lat szkoli i superwizuje psychoterapeutów w Polsce, prowadząc
m.in. seminaria Obserwacji Niemowląt. Mieszka w Londynie.

Czasami muszę sobie powiedzieć:
Ora, pamiętaj, pacjenci nie są po to, żebyś ty się czuła
dobrze, tylko żebyś im pomagała. Jesteśmy
kompanami innych ludzi.

◆ ◆ ◆

Mamy ogromny przywilej uczestniczenia w czyimś życiu
i możemy próbować wnosić w nie światło.
W kontakcie między terapeutą a pacjentem jest coś
bardzo witalnego – otwartość, uczciwość, poszukiwanie
prawdy. To jest esencja tej relacji.

◆ ◆ ◆

Na co dzień jestem pogodna i czuję,
że mam bardzo fajne życie. Ale jednocześnie zawsze
czułam, że w naszej rodzinie są jakieś tajemnice.
Myślę, że my wiemy różne rzeczy nawet wtedy,
kiedy nie wiemy. A traumy objęte tajemnicą są jak trucizna,
która się sączy i nas osłabia.

Jak się pani czuje?

To zależy. Są dni, kiedy mam wrażenie, że mój czas się już kończy, że już starczy tego tu bycia. W takich chwilach czuję się już stara, mam dość i jestem gotowa spokojnie się pożegnać. A niekiedy czuję się zupełnie jak dziewczynka. Wtedy jestem tym dzieckiem, którym byłam kiedyś i które nie ma o niczym żadnego pojęcia. Tym, które tęskni za tatą i za mamą, które się boi różnych rzeczy, na przykład tego, że je zostawią, dzieckiem, które bardzo różne rzeczy przeżywa. Na przykład wciąż czuję się winna wobec mojej mamy, która umarła ponad trzydzieści lat temu. Myślę: A dlaczego ja wtedy zrobiłam tak, a nie inaczej? A dlaczego to jej powiedziałam, a tamtego nie? Wracam często do rodziców w myślach. Prawda, że zupełnie jak małe dziecko?

Chociaż mam nadzieję, że trochę w pewnych sprawach jednak dojrzałam emocjonalnie.

W jakich?

W zawodowych, osobistych. Takich jak sprawy pacjentów, rodziny, przyjaciół… Mam chyba większą pewność siebie. Jestem dyrektorem sporej kliniki terapeutycznej w Londynie i niekiedy muszę kogoś zwolnić, pożegnać się, powiedzieć coś niezbyt miłego. Kiedyś to było dla mnie trudne, nie do wyobrażenia, teraz jest mi łatwiej.

Bycie „bossem" nie zawsze jest miłe, ale na ogół radzę sobie i myślę, że się lubimy i jesteśmy fajnym zespołem.

Poza tym w życiu prywatnym już nie wstydzę się komuś powiedzieć, że coś mi się nie podoba, że chciałabym inaczej.

Na przykład jestem w stanie w restauracji powiedzieć, że danie, które dostałam jest zimne i niejadalne.

Co pomogło dojrzeć?

Gdy byłam mała, to cała byłam w głowie, myślałam, że jestem mądrzejsza od rodziców. Ale tak naprawdę, od kiedy siebie pamiętam, byłam bardzo nieśmiałą, skrępowaną dziewczynką z emocjonalnymi trudnościami. Wyjazd z Polski w 1964 roku jeszcze pogłębił moje kłopoty. To psychoanaliza pomogła mi zyskać kontakt z dojrzalszą częścią siebie.

Zaraz do tego wrócimy, tylko jeszcze dopytam o te momenty, kiedy pani czuje, że dość już tego życia. Z czym one się wiążą?

To są takie błahe, banalne chwile. Czasem budzę się rano, o tej ciemnej, zimowej godzinie i wiem, że znowu czeka mnie to samo: muszę wstać, ubrać się, zjeść, iść do pracy… Wtedy bywa, że mi się nie chce. Czterdzieści lat już to robię. Wystarczy, myślę. Po co to ciągnąć? Przecież nie zniknę tak całkiem, coś po mnie zostanie – syn dostanie dom, siostra i przyjaciele będą pamiętać. Niech pani nie robi takiej smutnej miny, to nie depresja, raczej znużenie. Egzystencjalny kołowrotek. Nic poważnego.

Miała pani niedawno wypadek. To było poważne.

Tak. To się zdarzyło tu, w domu, między sesjami. Upadłam, bardzo bolało, bo złamałam miednicę w kilku miejscach, nie mogłam się ruszyć. Niech pani sobie wyobrazi: leżę na podłodze, za parę minut ma przyjść kolejny pacjent, a ja jestem zupełnie bezradna. Nie wiedziałam, co będzie, pomyślałam: może właśnie tak wygląda koniec? I to wcale nie byłoby takie straszne.

I co panią wyciąga z łóżka o tej ciemnej, zimowej godzinie?

Łatwiej jest, gdy zaświeci słońce. Wtedy chętnie wstaję, robię sobie kawę. Są dni, kiedy z łóżka wyciąga mnie obowiązek wobec pacjenta, który ma zaraz przyjść. Myślę o nim, czy o niej, i to zmienia perspektywę.

Wie pani, że psychoanalitycy i psychoterapeuci żyją i pracują najdłużej?
Nie wiedziałam o tym! Ale rzeczywiście znam wielu, którzy pracowali do dziewięćdziesiątki albo i dłużej. Ciekawe, z czego to wynika…

Z jednej strony jesteśmy depresyjni, zazwyczaj mamy za sobą jakieś trudne przeżycia, z czymś się zmagamy, ale dzięki temu, że cały czas jesteśmy w głębokim kontakcie z innymi, to ta intensywna interakcja nas ożywia. W każdym razie ja dzięki pracy czuję się bardziej żywotna, zaangażowana, potrzebna.

Czasami muszę sobie powiedzieć: Ora, pamiętaj, pacjenci nie są po to, żebyś ty się czuła dobrze, tylko żebyś im pomagała. Myśli pani, że jesteśmy pasożytami? A może jednak nie tylko bierzemy, ale również coś dajemy? Mam pacjenta skrzypka, on z kolei żyje muzyką, ale tylko żywą. Musi mieć kontakt z publicznością i teraz, w czasie lockdownu, bardzo cierpi. Dobrze go rozumiem.

Może chodzi o wymianę?
O tym właśnie mówię! Jest taka bardzo ciekawa książka *Live company*, terapeutki Anne Alvarez. Ona tam pisze o dzieciach autystycznych i o tym, że praca z nimi polega na wprowadzaniu światła do ich wewnętrznego świata, na byciu ich „kompanem". Podoba mi się to słowo. Myślę, że w naszej pracy jesteśmy właśnie kompanami innych ludzi. Mamy ogromny przywilej uczestniczenia w czyimś życiu i próby wnoszenia tam światła. W kontakcie między terapeutą a pacjentem jest coś bardzo witalnego – otwartość, uczciwość, poszukiwanie prawdy. To jest esencja tej relacji.

Teraz sobie pomyślałam, a może nas ożywia to, że pracując, musimy przyjmować wiele perspektyw? Wychodzić poza sztywne ramy? Bo zwykle w życiu rozmawiamy z tymi, którzy myślą podobnie. A w tej pracy – wręcz przeciwnie.

Musimy ciągle uaktualniać wewnętrzne mapy, żeby móc wejść w dialog z innym.
Ja bym powiedziała inaczej. Mamy wewnątrz coś więcej niż mapy, mamy różne wielowymiarowe schematy i żeby je przezwyciężać, musimy mieć w sobie ciekawość drugiego człowieka. Tak jak malarz musi być ciekaw kolorów i poszukiwać światła, oglądać to, jak jedno na drugie wzajemnie wpływa. Podobnie w tej pracy – jesteśmy w procesie nieustającej zmiany i to jest bardzo ożywiające! Czasem się zastanawiam, co ja bym robiła, gdybym nie miała pacjentów?

Jest pani teraz sama?
Tak, od kilkunastu lat jestem sama. Niekiedy mi z tym dobrze, a niekiedy czuję się, jakbym miała znowu piętnaście lat i chciała znaleźć partnera… Wie pani, że dziś się trzeba solidnie napracować, żeby kogoś znaleźć? Jednocześnie trochę się tego wstydzę. Bo jakby to miało wyglądać? Mam iść do pubu i spotkać się tam z obcym mężczyzną? Nie bardzo sobie wyobrażam randkowanie w ciemno. Z drugiej strony czasem jest mi smutno. Taka ambiwalencja.

Niech pani tak nie patrzy, przecież my ciągle przeżywamy różne wewnętrzne konflikty. Od nowa i od nowa. To się nigdy nie kończy, na tym życie polega. Samotność ma swoje cienie, ale ma i blaski.

Po rozstaniu z moim partnerem przez wiele lat mieszkałam sama. Dopiero ostatnio, w związku z wypadkiem, wprowadził się do mnie mój trzydziestotrzyletni syn, żeby mi pomóc. I akurat nastał covid, więc syn postanowił zostać dłużej, na trzy miesiące.

I jak się mieszkało z dorosłym dzieckiem?

Trudno uwierzyć, ale znowu miałam te same kłopoty, co kiedy był nastolatkiem. Chodziłam i się zastanawiałam: zwrócić mu uwagę czy nie zwrócić? Dlaczego on się tak złości? Dlaczego się zamyka w pokoju? Dlaczego ma taką minę? Może ma mnie dość?

Uwierzy pani? Ja mam siedemdziesiąt dwa lata! Opowiadam o tym, żeby pani pokazać, że konflikty są z nami cały czas. Zazębiają się i nakładają na siebie – nieważne, ile mamy lat, kim jesteśmy i w jakiej sytuacji. Gdy jest trudno, to, co kiedyś bolało, odzywa się na nowo, następuje regresja.

Jeśli gdzieś w przeszłości utknęliśmy, nieświadomie tam wracamy, żeby to rozwiązać?

Nic się nigdy nie rozwiązuje do końca. Cały czas mierzymy się z emocjonalnymi wyzwaniami. Ale jeśli gdzieś po drodze było bardzo trudno, to potem – w podobnych sytuacjach – wracają dawne uczucia.

Więc teraz, kiedy znowu zamieszkaliśmy razem, syn też się stał nastolatkiem. Spędzał większość czasu w swoim pokoju, ze słuchawkami, przy komputerze. Ale też oboje zbliżyliśmy się bardzo. Poznałam lepiej mojego dorosłego syna, doświadczyłam na co dzień jego dojrzalszej, opiekuńczej i mądrej strony. To było wspaniałe.

Nie wiem, czy pani ma dzieci, ale one samym swoim byciem obok wzbudzają w nas bardzo silne uczucia. Nie tylko przypominamy sobie ich dzieciństwo, ale własne też. Jestem tego dziś bardzo świadoma i mogę sobie z tym radzić w nieco bardziej dojrzały sposób, właśnie dzięki psychoanalizie.

Dlaczego została pani psychoanalityczką?

O, widzę, że pani bardzo chce usłyszeć o mojej neurozie!

Jak już wspominałam, w 1964 roku, cztery lata przed Marcem '68, moja rodzina wyemigrowała z Polski do Izraela. To było dla mnie bardzo trudne doświadczenie. Marzec był tragiczny dla polskich Żydów, ale oni przynajmniej byli razem, nawet jak się rozjechali po świecie, to pozostali w kontakcie, do dziś mają swoje gazety, swoje reuniony.

A myśmy wyjechali całkiem sami i dla mnie to było dramatyczne. Jak już wspominałam, byłam dosyć samotnym, zamkniętym w sobie dzieckiem. Rodzice postanowili mieć jeszcze jedno dziecko, moją siostrę, to też mi się bardzo nie podobało. Ale gdy miałam czternaście, może piętnaście lat, poczułam, że jest mi trochę lepiej, widziałam siebie wychodzącą ze skorupy, zakochałam się…

I wtedy właśnie wyjechaliśmy. Byłam załamana. Moje poczucie zagubienia, odosobnienia i niezadowolenia z siebie pogłębiło się. I jeszcze wszędzie w Izraelu ten niezrozumiały hebrajski! W szkole było mi okropnie ciężko, w wojsku też czułam się obco. Dopiero gdy poszłam na uniwersytet, los się nade mną zmiłował, bo po wojnie sześciodniowej do Izraela przyjechało na studia wielu młodych amerykańskich Żydów. Dzięki temu poznałam pewną wyzwoloną, żywotną i ekstrawertyczną dziewczynę i bardzo się z nią zaprzyjaźniłam. Ona była w swojej terapii chyba od piątego roku życia. I pewnego dnia mówi do mnie: Ora, jesteś najbardziej zahamowaną i zamkniętą w sobie dziewczyną, jaką znam, musisz iść na psychoanalizę.

Nie miałam pojęcia, o czym ona mówi. Zaprowadziła mnie do Instytutu Psychoanalitycznego w Jerozolimie. Zaczęłam analizę, otworzyłam się. Mój analityk zmienił moje życie. Poczułam, że w końcu jestem w swoim świecie. Pamiętam swoją myśl, że nareszcie zaczynam rozumieć to, czego jeszcze niedawno byłam całkiem nieświadoma – uczucia, konflikty, nieświadome nurty naszego wewnętrznego życia.

Proszę opowiedzieć o tym więcej.
W pewnym momencie analityk powiedział, że przeżywam w jakiejś sprawie ambiwalencję… Ha! To było dla mnie jak odkrycie Ameryki, nie miałam pojęcia, że można mieć

mieszane uczucia. Wtedy poczułam, że chcę lepiej poznać język emocji i chcę zacząć go używać. Byłam pięć lat w analizie w Izraelu, potem wyjechałam do Londynu i tu miałam kolejną analizę.

Jakoś w trakcie zdałam sobie sprawę, że właściwie zawsze chciałam pomagać ludziom, zwłaszcza dzieciom.

Dlaczego akurat dzieciom?

Dziś wiem, że to przekazał mi ojciec. Był bardzo wrażliwy na ból dziecka. Gdy usłyszał gdzieś płacz, w środku nocy biegł na ulicę, sprawdzał, co się dzieje. Czytał Korczaka, opowiadał mi o nim. To był niezwykle dobry, skromny i subtelny człowiek.

Niech pani zobaczy, zawsze, gdy go wspominam, to płaczę, właśnie tak. Płaczę też dlatego, że dopiero kiedy umarł, poznałam jego historię. On na jakiś czas przed śmiercią miał udar, czasem krzyczał, wołał: Gdzie są moje trzy dziewczynki?! Myślałyśmy z siostrą, że majaczy, że coś sobie wyobraża, a okazało się, że on przed wojną, we Lwowie, miał żonę i córeczkę.

Gdy wybuchła wojna niemiecko-radziecka w 1941 roku, to go Sowieci wzięli do Armii Czerwonej. Ta córeczka miała wtedy trzy lata. Wkrótce potem obie z matką zginęły w getcie lwowskim.

Ojciec nigdy mi o tym nie opowiadał. Wiedziałam tylko, że miał siedmiu braci i że pięciu z nich, i ich rodziny, zamordowano.

Przejmująca historia...

Mama też miała swoje tajemnice. Jej matka umarła przy porodzie, a ojciec ponownie się ożenił i chyba miał dzieci z drugą żoną. Nigdy o tym nie mówiła, ale kiedyś przypadkowo się zapomniała, coś jej się wypsnęło...

Może dlatego wybrałam psychoanalizę? Terapia polega przecież na tym, żeby pacjentom pomóc nawiązać kontakt z ich „tajemnicami", z tym, czego nie chcą wiedzieć, co wyparli.

Nie dziwię się, że pani często myśli o śmierci.

Wcale nie tak często. Na co dzień jestem pogodna i czuję, że mam bardzo fajne życie. Ale jednocześnie zawsze czułam, że w naszej rodzinie są jakieś tajemnice. Dobrze pamiętam z dzieciństwa to poczucie nieokreślonego zagrożenia, które wisiało w powietrzu.

Pamiętam, jak szukałam czegoś w sekretarzyku rodziców i znalazłam tam zdjęcie taty, na którym idzie pod rękę z bardzo przystojną panią. Pamiętam swoją ekscytację: z kim ten tato tam idzie? Zapytałam mamę, bo taty nie było w domu, i od razu poczułam, że to pytanie bardzo się mamie nie spodobało. Powiedziała. „A to jakaś jego znajoma…" Wiedziałam, że to kłamstwo, ale pomyślałam, że może to jakaś jego dziewczyna sprzed wojny, może mama jest zazdrosna. A to była żona.

Myślę, że my wiemy różne rzeczy nawet wtedy, kiedy nie wiemy. A traumy objęte tajemnicą są jak trucizna, która się sączy i nas osłabia.

Dlaczego to jest trucizna?

Bo nie da się żyć w kłamstwie. Możemy się rozwijać i stawać lepszymi ludźmi tylko pod warunkiem, że jesteśmy karmieni przez naszych bliskich emocjonalną prawdą. Jeśli dziecko płacze, a ktoś mu mówi: „Nie masz co płakać, nic się nie stało", to w świecie wewnętrznym dziecka tworzy się zakłócenie, zniekształcenie. No bo wtedy nie wiadomo, czy ja czuję to, co czuję, czy inni wiedzą lepiej? Niekiedy to zakłócenie jest większe, niekiedy mniejsze. To zależy, kto jest tym dzieckiem, zależy, jak często to słyszy, zależy, jakie ma inne doświadczenia, ale zniekształcenie jest. I utrudnia życie.

Z tajemnicą jest podobnie – bo z jednej strony przeczuwamy, że coś jest, a ktoś nam mówi: „Nie, tam nic nie ma, nie interesuj się".

Ale ja nie chcę, żeby nasza rozmowa była taka smutna!

To nie jest smutne. To jest ciekawe.
Czy pani wie, że willa Karpowiczów we Wrocławiu, na Krzyckiej 29, w której Olga Tokarczuk stworzyła swoją Fundację, to jest mój dom rodzinny?

Nie wiedziałam.
Tam się wychowałam. Myśmy byli z Karpowiczami bardzo blisko, przyjaźniliśmy się.

Kiedy się dowiedziałyśmy z siostrą, że tam będzie Fundacja, strasznie się ucieszyłyśmy – to wspaniała wiadomość, że ten dom będzie teraz żywy, pełen ludzi, że będzie coś nowego powstawało. Wzruszam się. To porusza we mnie te dziecięce struny: przywiązania do rodziców, do dzieciństwa, do tego domu. Powraca też ból tęsknoty. Jednym z powodów, dla których przez wiele lat nie wracałam do Polski, był właśnie ból. Myśmy wyjechali, gdy byłam bardzo młoda, wtedy niesłychanie boli zrywanie więzi. Teraz to się zagoiło, mogę wracać do dobrych momentów.

Oboje rodzice już umarli, brakuje mi ich, bardzo za nimi tęsknię. I ten dom chyba to reprezentuje. Te dobre wspomnienia. One są wyraźnie oddzielone od trudnych uczuć wobec Polski, od doświadczania antysemityzmu.

Moja mama była tłumaczką z jidysz, byli razem z Tymoteuszem Karpowiczem w Związku Literatów Polskich, wracają mi teraz wspomnienia tej przyjaźni.

Jest możliwa jednak jakaś ciągłość?
No właśnie. Jest możliwa, a więzi nie znikają. Bardzo możliwe, że tu też chodzi o Zagładę.

W jakim sensie?
Tylu ludzi zniknęło bezpowrotnie, tyle historii… Te wszystkie dokumenty, listy, zdjęcia, domy… Wszystko spłonęło…

A jednak coś powraca – jak ten dom. Coś straciliśmy, teraz jakbyśmy coś odzyskiwali. Wiem, to jest willa Karpowiczów, ale Dresnerowie też tam mieszkali i między naszymi rodzinami było jakieś powinowactwo. Oni się cudem uratowali i moi rodzice się cudem uratowali... Wszyscy przeszli przez rzeczy niewyobrażalne, dużo o tym opowiadali.

Zresztą te ich traumy – nie do opisania – jakoś się wlewają w naszą duszę, drugiego pokolenia. Nieświadomie i bardzo głęboko. To gdzieś zapada. Przeżycia naszych rodziców tlą się w nas. Myślę o tym prawie codziennie.

Jak to się konkretnie tli?

W szczegółach? Na przykład mój wujek opowiadał – on nie ukrywał tego bólu – że jego dwaj synowie (jeden miał trzy lata, a drugi pięć) zostali wywiezieni przez Rosjan ze Lwowa w głąb Rosji i słuch o nich zaginął. Może zostali zaadoptowani? Nie wiadomo. Wiadomo, że nikt już nigdy ich nie znajdzie. Dla mnie słuchanie tej historii było straszne, strasznie pomyśleć, że dziecko można zgubić.

Inna historia dotyczyła zdjęcia. Tato miał w Ameryce dalekich krewnych, kiedyś przysłali mu przedwojenne zdjęcie jego rodziny. Powiększył je i powiesił na ścianie w sypialni – jego mama w peruce, wszyscy bracia, jeden przy drugim, pobożni, w czapkach.

Gdy ktoś przychodził, tato zawsze pokazywał to zdjęcie i mówił: zobacz, ośmiu nas było.

Jaki ślad zostaje w dziewczynce, która słucha takich historii?

Zostaje strach przed nagłą utratą. I jakaś trudność w mówieniu o tym. Z jednej strony nie chcę o tym mówić ani tego pamiętać, z drugiej potrzebuję jakiejś fabuły, bo czuję, że to jest ważne.

Ale jak o tym opowiadać?

Nasz dom od zawsze był wypełniony książkami, wiele z nich było po żydowsku. Zresztą one nadal tu ze mną mieszkają.

Trudno uwierzyć, ile tego wydano po wojnie. Dziesiątki, setki świadectw w jidysz. Ci, którzy przeżyli, pisali o sobie i o tych, którzy zostali zgładzeni. Ja w tym dorastałam. Nie czytałam, nie umiem po żydowsku, ale dużo o tym myślałam, te książki mnie przecież otaczały. Myślałam, jak oni mogli dalej żyć, po tej strasznej tragedii... Niemal wszystko potracili, a jednak nie załamali się, pisali, opowiadali. Te opowieści otaczały mnie ze wszystkich stron.

Nusia, mama mojej najbliższej przyjaciółki, opowiadała, jak się ukrywała po aryjskiej stronie przed Polakami. Kiedyś kolega z klasy zobaczył ją w tramwaju i zaczął krzyczeć: to Żydówka! Wyskoczyła, uciekła...

Maryla, znajoma ojca, opowiadała, że zostawiła swojego siedmioletniego synka u przyjaciółki. Dała jej dużo pieniędzy, żeby tamta miała na utrzymanie. Przyjaciółka po kilku dniach zaprowadziła chłopca na gestapo. A ja tego słuchałam...

I co się z panią działo?

Czułam złość, może nawet nienawiść, ale najbardziej ból i strach. To wszystko jest bardzo pomieszane. Nusia uciekła z tamtego tramwaju i wskoczyła do jakiejś piwnicy, tam był węgiel i stróż, Polak. Spojrzał na nią i powiedział: „Możesz się tu schować".

Jaki to ma wpływ na mnie dzisiaj? Nie wiem. Zastanawiam się. Może stąd jest we mnie ten strach, że to się może powtórzyć? Pani też to ma? To dla mnie za dużo.

Dopiero niedawno zaczęłam troszeczkę czytać. Boję się tego dotykać.

To jest lęk przed otchłanią?

Chyba tak. Za bardzo się z tym identyfikuję. To moja słabość, bo ten temat wchodzi mi od razu do środka, nie mam tu wystarczająco grubej skóry. W innych tematach tak nie jest, potrafię mieć dystans, rozumieć. A tu klops. Niosę to dalej.

Na przykład ten lęk przed rozdzieleniem – ojciec nigdy nie lubił, gdy wyjeżdżałyśmy z domu. Już byłam dorosła, po studiach, chciałam mieszkać osobno, on szału dostał. Nawet jak mieliśmy małe rozstania, było mu smutno. I to przeszło na mnie – też mam z tym trudności. Jestem tego świadoma, więc udaję, że jest okej. Pani też udaje? Bo tak naprawdę to dla mnie jest zawsze bardzo trudne.

Pyta pani, jak to wszystko na mnie wpłynęło… Teraz, gdy o tym rozmawiamy, to myślę, że mam w sobie stale lęk przed przedwczesną śmiercią bliskiej osoby. To tkwi bardzo głęboko. Że coś się stanie, że dziecko zginie, że młody człowiek zginie, że nagle życie się przerwie, że wszystko zosta nie utracone.

Z perspektywy doświadczenia moich rodziców życie nigdy nie kończyło się naturalnie i niemal nikt z ich rodzin nie dożył późnej starości.

Robi pani bilans, podsumowuje?
Staram się nie. Widzi pani, znowu to samo. Widocznie jest we mnie obawa przed zetknięciem się zbyt blisko z bólem. Może gdybym zaczęła robić bilans, zrobiłoby mi się smutno…?

Ten smutek jest też stąd, że my dźwigamy ciężar utrat naszych rodziców. Gdy się wyrasta w takim domu, to ma się skłonność, żeby iść w tym samym kierunku. Wiem, że gdzieś w głębi jestem takim dzielnym żołnierzem… pełnym przerażenia, że niebezpieczeństwo powróci.

Ta strona może być destrukcyjna i muszę na nią bardzo uważać.

Ale skoro mówimy o bilansie, to jestem też szczęśliwa, że udało nam się z ojcem mojego syna zbudować rodzinę, że mieliśmy wiele bardzo dobrych lat razem. Mam nadzieję, że udało mi się jakoś, chociaż trochę, uchronić syna przed niesieniem tych ciężarów dalej. Bardzo bym nie chciała, żeby się musiał o mnie martwić. Myślę, że w bardzo dużym stopniu moje pokolenie – a ja na pewno – czuło odpowiedzialność za naszych rodziców.

Dzisiaj nie mogę narzekać. Żyję dobrze, mam dom, piękny ogród i wszystko, co mi potrzebne.

I nie zapominam o tym, co mnie dobrego spotyka. Na przykład ten wypadek wiele mnie nauczył. Wiele osób przychodziło do mnie, do szpitala. Przyjaciele, znajomi, koledzy. Moja przyjaciółka z Berlina przyjechała specjalnie, żeby się mną zajmować! A potem wprowadził się mój syn. Nawet sąsiedzi, z którymi przedtem zamieniłam może jedno, dwa zdania odwiedzali mnie w szpitalu, pomagali.

Płaczę, kiedy teraz o tym mówię. Z jednej strony mnie mieszka bardzo pobożna żydowska rodzina. Gdy już byłam w ambulansie, to sąsiadka wybiegła, zapytała, co się stało, poszła do domu, wróciła, dała coś do jedzenia na drogę. Z drugiej strony mieszka katolicka rodzina z RPA. Ta sąsiadka przychodziła do mnie do szpitala, prała bieliznę, przynosiła jedzenie. Zupełnie się tego nie spodziewałam!

To doświadczenie skrystalizowało mi refleksje o wdzięczności. Ludzie potrafią być bardzo dobrzy.

Być może im jesteśmy starsi i bardziej świadomi śmierci, tym mocniej doceniamy czyjąś emocjonalną szczodrość?

A o pogrzebie pani myśli?

W czasie lockdownu pojechałam z synem na cmentarz. Tam jest pochowanych wielu moich znajomych, wielu analityków. Było spokojnie, pięknie, pusto. Mówię synowi, że nie wiem, jaki pogrzeb chcę: czy żeby mnie spalili, czy żeby mnie włożyli do drewnianej trumny, czy chcę do przodków wrócić, bo po drugiej stronie ulicy jest cmentarz żydowski. Synowi to się nie spodobało. Nie chciał słuchać, już nie poszedł ze mną drugi raz. Rozumiem go, to było mało wrażliwe z mojej strony – wprowadzać nagle taki temat i w dodatku w środku pandemii. Doświadczył tyle strachu przed śmiercią…

Ale ja chciałam wszystko zawczasu przygotować, żeby on nie miał tego potem na głowie. Nie chcę zostawić po sobie bałaganu. Ale też nie mogę się jakoś zabrać do tych porządków. Do tej masy żydowskich książek, o których wspominałam. Zawalają dom, powinnam się ich pozbyć, a nie umiem. Chyba ten bałagan życia musi tu po prostu zostać.

Zostawię mu jakieś drogowskazy i zrobię porządek finansowy.

A co panią teraz cieszy najbardziej?
Jestem zadowolona, że jest tak wielu ludzi, których bardzo lubię, i mam nadzieję, że oni mnie też. Cieszę się, że nie mam takich silnych potrzeb, żeby odwiedzać cały świat, presji, żeby przed śmiercią zobaczyć Indie czy południową Amerykę. Jakoś w ogóle mnie to nie interesuje, lato na Mazurach czy w Walii mi w zupełności wystarcza.

Niekiedy wstaję rano, słońce świeci, mój ogród wygląda pięknie i to mi daje uczucie spokoju. Teraz za oknem jest tu czarna zima, ciemno od wpół do czwartej, lockdown, a jednak kiedy idę na spacer i widzę te piękne angielskie drzewa i zieleń, to czuję spełnienie.

MAM Z GÓRKI, KRÓTKO MÓWIĄC

Bogdan de Barbaro

(ur. w 1949 r. w Krakowie)

Psychiatra, psychoterapeuta, superwizor, nauczyciel wielu pokoleń
przyszłych psychoterapeutów. Profesor nauk medycznych, emerytowany
profesor zwyczajny Uniwersytetu Jagiellońskiego. Przez wiele lat
kierował Zakładem Terapii Rodzin Katedry Psychiatrii Collegium Medicum
Uniwersytetu Jagiellońskiego, w latach 2016-2019 był kierownikiem
Katedry Psychiatrii Collegium Medicum UJ. Autor i współautor licznych
prac dotyczących zdrowia psychicznego, m.in.: *Możesz pomóc, Konteksty
psychiatrii, Postmodernistyczne inspiracje w psychoterapii*. Wystąpił
w wielokrotnie nagradzanym filmie Pawła Łozińskiego *Nawet nie wiesz,
jak bardzo cię kocham*. Mieszka w Burowie, pod Krakowem.

Chce mi się żyć i cieszy mnie, że mam teraz taki czas
spokojnego przeżywania samego siebie i świata.

◆ ◆ ◆

Chce mi się żyć, bo żyję wśród osób,
które mnie kochają i które ja kocham.

◆ ◆ ◆

Mam taką umowę ze współpracownikami,
że powiedzą, jak mi się zacznie rozum psuć.

Zapytam prosto z mostu: czy ty się czujesz staro?
Najbardziej szczerze będzie powiedzieć, że i tak, i nie.

Staro się czuję, kiedy mam dystans do moich pasji z przeszłości. Pamiętam, jak kiedyś bardzo emocjonalnie, a nie tylko intelektualnie, podchodziłem do badań naukowych. Teraz mi się to wydaje – nie wiem nawet, czy mi wolno to mówić – trochę błahe i płoche.

Staro się czuję, kiedy muszę przyspieszyć. Na przykład wczoraj późnym wieczorem wyszedłem z kina i już spieszno mi było do domu. Postanowiłem podbiec do auta – po czterdziestu metrach zobaczyłem, że muszę zacząć iść, bo inaczej padnę. Tchu mi zabrakło.

Staro się czuję, kiedy zauważam, że mam mniej sił biologicznych. To jest, nie ma co udawać, przykra okoliczność. Nie dramatyzuję z tego powodu, ale z nostalgią wspominam czas, kiedy rano biegałem dookoła Błoni, a wieczorem w piłkę grałem. Tego mi żal. Moja synowa przebiegła właśnie półmaraton, ja nie przebiegnę nawet jednej setnej maratonu.

Ale jeszcze półtora roku temu, tuż przed pandemią, był mecz – psychiatrzy kliniki kontra reszta świata. I nie odmówiłem sobie grania w tę piłkę, nawet strzeliłem karnego, z czego bardzo byłem zadowolony. Ale potem współorganizatorka meczu powiedziała mi, że cały czas drżała o mnie. Wiedziała, że mam wszczepiony rozrusznik serca, i cały czas się bała, czy ja przeżyję. To było takie zderzenie moich naiwnych wyobrażeń, że się da peselowi zaprzeczyć. Ale w sumie przyjemnie było.

A jednocześnie nie czuję się staro, bo chce mi się żyć i cieszy mnie, że mam teraz taki czas spokojnego przeżywania

samego siebie i świata. Różne sprawy wciąż mnie bardzo ciekawią. A te zaciekawienia dodają energii.

Chce mi się żyć, bo żyję wśród osób, które mnie kochają i które ja kocham. Myślę, że to jest ponadczasowa okoliczność, ważna. Tak się świetnie składa, że mam jednego wnuka
prawie osiemnastoletniego, a drugiego trzyletniego. Ten pierwszy już jest w większym dystansie, czasem rzuci pozornie obojętne „cześć, dziadku", a z tym drugim to idę w tańce i hulan-
ki. Świetne to jest.

Tańce i hulanki?

Wygłupy, rozmaite zabawy, budowanie z duplo, z lego, czytanie
o dinozaurach. On potrafi powiedzieć: „kocham cię, dziadku".
To są sytuacje życiodajne.

W beztroskę idziesz z nim.

Tak. To jest moja beztroska tu i teraz. Kiedy myślę, co będzie
z tym światem, kiedy wnuk będzie dorosły, to jestem pesymistą, ale tu i teraz jest zachwyt. Kontaktem z kimś, kto jest nasy-
cony miłością i swobodnie miłość daje.

I jeszcze bycie dziadkiem nie jest obciążone odpowiedzial-
nością.

Absolutnie. To jest olbrzymia przewaga „dziadostwa" nad
rodzicielstwem. Mój syn błaga: „Tylko nie kupujcie mu niczego", i my się trochę z moją żoną, Mitką, powstrzymujemy,
ale z trudem. Jego rodzice czuwają, byśmy go nie rozpuścili,
mówią, ile mu wolno telewizora oglądnąć, a ile jakiegoś dino-
zaura w internecie.

Muszą cię hamować.

No właśnie. Mitka mnie powstrzymuje, żebym, gdy z kimś
rozmawiam, nie wyciągał tego telefonu i nie pokazywał tysięcy zdjęć wnuków. Dla mnie jest oczywiste, że gdy ty zobaczysz

to zdjęcie, to się zachwycisz! To oczywiste, dlaczego mam ci żałować zachwytu? Widzę, że się śmiejesz, pewnie to samo robisz, co?

Oczywiście! Wróćmy do przemijania?
No dobrze. Pilnuj mnie, żebym nie zbaczał.

To powiem, że staro się czuję, gdy dociera do mnie świadomość, że jestem z tego pokolenia, które ma odejść. Mam z górki, krótko mówiąc.

Myśli mi się jeszcze sensownie, ale rozum mam mniej sprawny niż niegdyś, mniej chłonny. Na przykład są książki, które bardzo chcę przeczytać, ale z drugiej strony w telewizorze idzie Champion League i jednak mecz wygrywa z tą ważną książką, odkładam ją. Mózg mówi: nie teraz, nie o tej porze, daj mi odpocząć.

Ważna książka wymaga o wiele więcej wysiłku.
Mam taką umowę ze współpracownikami, że powiedzą, gdy mi się zacznie rozum psuć. Ale obawiam się, że jednak mi tego nie powiedzą, bo nie będą chcieli robić przykrości. Gdybym ja zobaczył, że mojemu współpracownikowi rozum się zaczyna psuć, to byłoby strasznie trudno mu to powiedzieć. No bo właściwie jak? „Słuchaj, ty już głupiejesz"? Nie potrafiłbym. Nawet jakbym znalazł jakieś pozytywne przeformowania dla tej sprawy. Nie wiem, jak to zrobić, żeby mieć włączony taki sygnał ostrzegawczy.

Zobacz, tu mam zegarek, dostałem od swych bliskich. Ten zegarek pokazuje tętno, liczbę kroków i takie tam, ale nie ma czujnika, który by wskazywał, kiedy trzeba zejść. Nie w klepsydrowym tego słowa rozumieniu, tylko ze sceny zawodowej. Zwolniłem trochę, staram się ograniczać – już nie pracuję w klinice, jeden kurs w szkole psychoterapii przekazałem koledze. Ale to jest trochę takie pytanie piłkarza, czy gdy już nie może grać w pierwszej lidze, to czy może grać w drugiej, czy nawet w okręgowej? A może powinien zejść z boiska, zostać trenerem, a może tylko być kibicem?

Nie mam tego rozstrzygniętego, ale bardzo bym chciał uniknąć śmieszności.

Nie wiesz, czy rozpoznasz swoim rozumem, że rozum zaczyna ci się psuć?
Mam wielką nadzieję, że zachowam autokrytycyzm. Póki co czuję, że rozum jest mniej sprawny, ale bardziej zasobny.

Co to znaczy?
Jest mniej chłonny, łatwiej się myli, różne rzeczy zapomina. A bardziej zasobny, bo mi się przez te lata niektóre sprawy bardzo uwyraźniły. Takie jak sens życia, odróżnianie dobra od zła, czy jak można rozumieć świat. Z jednej strony więc mój rozum z zaciekawieniem zatrzymuje się przy pytaniach bardziej ogólnych, a z drugiej – wciąż najciekawszą dla mnie sprawą jest rozmowa z pacjentem. Jego szczególność i wyjątkowość.

A jak się doświadcza odkrycia, że „ma się już z górki"?
To chyba efekt pracy nad zgodą na przemijanie i świadomość tego przemijania. Niedawno Mitka mnie spytała o to samo i myślę, że tak, że jest we mnie teraz pełna zgoda na śmierć w każdej chwili. Natomiast strasznie się boję takiej stopniowej, biologiczno-mentalnej degradacji. Gdy patrzę na umieranie kogoś bliskiego, na to, jak to wygląda w szczegółach, to myślę, że to jest ten najtrudniejszy egzamin. Ten Ktoś, przez duże K, kto to wymyślił, to wiedział, co wymyślał. Egzamin z „wygasania" jest, jak mi się wydaje, tym najtrudniejszym.

Bo jest samym cierpieniem?
Bo to jest takie wielowymiarowe cierpienie. Jeszcze go na dobrą sprawę nie doświadczyłem, ale to nadchodzi. Czasem

mówię do Mitki, że najbardziej bym chciał, żebyśmy zginęli razem w katastrofie. Bo gdy sobie wyobrażam, że ja zostaję, a ona umiera, to jest czarna rozpacz, a kiedy byłoby odwrotnie – też czarna rozpacz. Tylko, zdaje się, nie wolno prosić o śmierć nagłą i niespodziewaną. Właściwie nie wiem dlaczego.

Mój wuj, a zarazem ojciec chrzestny, gdy leżał na łożu śmierci, mówił do swojej żony, siostry mojej matki: „Marysiu, pamiętaj, jak będziecie mnie wynosić, to nie tymi drzwiami, bo nie dacie rady na tamtym zakręcie, tamtymi drugimi drzwiami wynoście". Mnie to zachwyciło. Ta rzeczowość i martwienie się o bliskich.

A ty myślisz o tym, którymi drzwiami byś chciał? O konkretach?
Oczywiście. Też myślę o tym. Mieszkamy pod Krakowem, mamy tam ogród. Niedawnośmy go opłocili, bo dziki z lasu przychodziły i nam trawnik niszczyły. Pod pretekstem, że to przeciwko dzikom, ten płot postawiłem, ale jestem bardzo zadowolony, bo dzięki temu, gdybym się zalzheimerzył całkowicie, to nie oddalę się zanadto, nie będą mnie musieli szukać po okolicy. Bardzo bym nie chciał robić kłopotu.

A o innych szczegółach?
Zastanawiałem się, w którym z grobów chciałbym leżeć, choć w zasadzie powinno mi to być obojętne, bo co mnie to obchodzi, skoro mnie już nie będzie… Ale znowu jest ta myśl, żeby nie robić kłopotu tym, co zostają. Choć z drugiej strony zastanawia mnie ta zapobiegliwość nagrobkowa, którą czasem widzę na cmentarzu. Jest imię, jest nazwisko, ale daty jeszcze nie ma. Takiej potrzeby nie mam, choć się zastanawiałem, czy leżeć w grobie z rodzicami, czy z rodzeństwem. Gdy byłem dzieckiem, zmarła moja siostra, a potem mój brat. Pomyślałem, że eleganciej będzie leżeć z rodzeństwem, z którym się nie widziałem od sześćdziesięciu siedmiu lat.

Nie wiedziałam...

Gdyby serio traktować koncept Bowena, który mówił, że kolejność pojawienia się dziecka w rodzinie, jego pozycja, decyduje o wielu późniejszych sprawach, to ja miałem ciekawe doświadczenie, bo byłem właściwie w każdej z możliwych ról. Byłem w sytuacji młodszego rodzeństwa, bo miałem o dwa lata starszą siostrę Ewę, która mając pięć lat, zmarła na białaczkę. Ja wtedy miałem trzy lata. Potem przez dwa lata byłem jedynakiem. Do chwili, kiedy przyszedł na świat Zygmuś, który zmarł w wieku dwóch miesięcy na zapalenie płuc. Miałem wtedy pięć lat i przez chwilę byłem starszym bratem. Potem znowu przez kilka lat byłem sam, a później przyszły na świat bliźniaki, moje o dziesięć lat młodsze rodzeństwo. Mam więc w sobie różne konstelacje.

Śmierć od zawsze jest w twojej orbicie.

Tak, myślę, że tak. Bardzo wyraźnie to wybrzmiało, kiedy pracowałem nad swoim genogramem, czyli takim graficznym zapisem przekazów transgeneracyjnych, struktury rodziny i jej historii. Być może śmierć mojego dziadka, potem siostry i brata współtworzą naszą rodzinną mitologię. Zbigniew Czarnek, ojciec mojej mamy, był lekarzem, zginął zamordowany w Katyniu. I ja zostałem lekarzem, a przez pewien czas chciałem być pediatrą. Choć dobrze się stało, że zostałem psychiatrą, bo na cierpienie dzieci patrzeć nie jestem w stanie.

Mówisz: „Nie boję się śmierci".

No tak, rzeczywiście. Taka myśl, że za sekundę przestaję istnieć, nie budzi we mnie lęku.

Jak to rozumiesz swoim terapeutycznym umysłem?

Że się nażyłem. Tak to tłumaczę. Ale może coś tu zakrywam, zaprzeczam? Parę lat temu jakieś moje badanie pokazało, że być może mam nowotwór. Wtedy trzeba było czekać na tomografię dość długo i czekając na to badanie, przeżywaliśmy z Mitką dwa tygodnie grozy. Więc możliwe, że teraz chojrakuję, że jakbym się dowiedział, że za tydzień zacznie się choroba, która mnie będzie degradować, to nie ma zmiłuj. Myślę, że wtedy by mnie jednak jakieś takie przykrościo-bóle złapały. Chorowanie mi się nie podoba. Podobałoby mi się, jak już ci mówiłem: „nagle a niespodziewanie".

Wiążesz to swoje pogodzenie z wiarą?
O dziwo, nie! Zadawałem sobie to pytanie. Bo, że skoczę na chwilę w uogólnienie, jak to jest, że ludzie głęboko wierzący boją się śmierci, czyli spotkania z Panem Bogiem? Nie mam na to odpowiedzi. Nie rozumiem też, dlaczego Kościół katolicki tak każe walczyć o życie. Za wszelką cenę. Dlaczego godzi się na agresywne, nieludzkie czasami podtrzymywanie życia, a nie godzi na eutanazję, która mogłaby być aktem miłosierdzia, aktem miłości wobec bliźniego. Wracając do twojego pytania o wiarę, które dotyczy w gruncie rzeczy bardzo intymnej okoliczności. Ja bym powiedział, że zawsze w coś trzeba wierzyć. Można wierzyć w istnienie Boga, albo wierzyć w Jego nieistnienie. Co by nie było, bez wiary, czyli bez wyobrażenia, co będzie potem, się nie da. Jakieś wyobrażenie ma każdy. Co najwyżej nie myśli o tym, tylko zajmuje się czymś innym, na przykład, jak już przed chwilą powiedziałem, oglądaniem Champion League.

Od siebie mogę powiedzieć tak: jest szereg poszlak, że istnienie Boga jest mniej absurdalne niż Jego nieistnienie. Ale dla mnie to jest piękna tajemnica. Wierzę, że miłość jest wartością metafizyczną.

Czy w twojej wierze mieści się przekonanie, że będzie życie po śmierci?
Nie mam takiej wiary, jaką np. miała moja mama, że tam będzie człowiek szczególnie piękny. Nie mam takiej wiary, żeby tam miało być odtworzenie tej Ziemi, tylko w jakiejś

superformie. To mi się wydaje naiwne. Nie mam takiej wiary, że jeżeli bym się dostał do tzw. nieba, to będę tam czas spędzał na śpiewaniu hymnów pochwalnych na chwałę Pana Boga.

To co tam będzie?

To jest pytanie nieadekwatne. Słowo „tam" jest z naszego języka, z naszego fizycznego porządku. W tym sensie w znacznym stopniu przekonują mnie ikonoklaści, sprzeciwiający się kultowi obrazów i wizerunków Boga. W Krakowie, w pięknym skądinąd kościele Ojców Dominikanów, przy głównym ołtarzu jest wyobrażenic Świętej Trójcy: na tronie siedzi Bóg Ojciec – starszy i z brodą, obok Jezus Chrystus – młodszy, z mniejszą brodą, a nad nimi gołąbek. Dla mnie jest to ilustracja, jak bezgranicznie ułomny jest nasz rozum, kiedy usiłujemy skonkretyzować to, co niewyobrażalne. Dysponujemy tylko jakimiś prześwitami, bo nie jesteśmy w stanie swoim umysłem objąć tego, co metafizyczne. Nie mam złudzeń, że potrafię coś sensownego na ten temat powiedzieć...

I domyślam się, że różne uczynki spełniasz nie po to, by na koniec dostać nagrodę?

Rzeczywiście, cholera, może ja nie dość dbam o tę swoją złotą księgę? Mnie się po prostu podobają same poszukiwania, sama w sobie wrażliwość metafizyczna. Wierzę w metafizyczną moc Chrystusa i metafizyczną moc miłości. Ale gdy w Credo pojawia się fraza „święty Kościół powszechny", to chyba popadam w herezję.

A dlaczego postanowiłeś być psychiatrą?

Chciałem być polonistą. To był jedyny oprócz WF-u przedmiot, z którym w liceum nie miałem kłopotu. Sam wybór liceum wynikał z tego, że w pobliżu było dobre boisko. Chodziłem też wtedy pasjami do teatrów, dostałem jakąś nagrodę w międzyszkolnym konkursie za recenzję teatralną, postanowiłem iść na polonistykę.

Ale działała też na mnie wspomniana wcześniej mitologia rodzinna. Taka patriotyczno-bohatersko-lekarska. Wspomniany tu już dziadek, Zbigniew, leczył biednych, był pułkownikiem przedwojennego Wojska Polskiego, został wzięty do niewoli i w Katyniu go Sowieci rozstrzelali. Mam na drugie Zbigniew, po nim właśnie. A gdy mnie w stanie wojennym na chwilę zamknęli, poczułem w końcu rodzaj ulgi: „O, już mam prawo być Zbigniewem".

Więc wracając do twojego pytania – dziadek był lekarzem, dwie siostry mojej mamy to lekarki, ojciec chrzestny też lekarz. To było tło. A poza tym mój ojciec, ekonomista, przekonywał, że będąc polonistą, nie będę miał z czego żyć. Ciocia Magda, siostra mamy, pocieszała, że na medycynie też mogę być humanistą. Czyli wybór zawodu to było połączenie rodzinnej mitologii, mojego zainteresowania humanistyką i przekonania, że być lekarzem to jest coś. Gdy się potem rodzice dowiedzieli, że chcę być psychiatrą, to się przestraszyli, bo co to za lekarz.

Gorszy?

Kiedy czytam wpisy internautów pod wywiadami ze mną, to tam jednym z koronnych dowodów, że jestem idiotą, jest właśnie to. Jeśli pojawiają się inwektywy, to najczęściej dwie: skoro psychiatra, to do czubków, a że nazwisko chyba żydowskie, więc też do Oświęcimia. Takie podróże mi proponują czytelnicy: między Tworkami a Oświęcimem. Powiem ci szczerze, że mnie medycyna nie ciekawiła. Z roku na rok przechodziłem z trudem, zwykle zdawałem poprawki, a piątkę miałem tylko z psychiatrii. Że chcę być psychiatrą, wiedziałem właściwie od początku i byłem w strachu, co będzie, jeżeli mnie psychiatria nie zaciekawi. Ale szybko poczułem, że to jest to. Pamiętam, jak miałem na szóstym roku zajęcia z doktor Grażyną Malatyńską w klinice na Nowowiejskiej. Przyszła, powiedziała

„dzień dobry" i poszła do pacjentów. A przedtem nam zadała: „Rozejrzyjcie się i wybierzcie, jakim byście chcieli być przedmiotem z tego pokoju". Mnie to zachwyciło, że odwołała się do naszych fantazji, emocji, wyobrażeń.

Psychoterapeuta w tobie się zachwycił! A wiedziałeś, że psychoterapeuci żyją i pracują najdłużej?
Nie wiedziałem.

Jak myślisz, czemu tak jest?
Życie psychoterapeuty jest przeciekawe! Może dlatego? Osobiście mam poczucie posiadania przywileju: moja praca jest zarazem ciekawa, użyteczna dla innych, rozwojowa i jeszcze zabezpiecza mi byt. Mówię młodym i wystraszonym studentom psychoterapii, że mają fart, iż sobie taką uliczkę w swoim życiu znaleźli. Gdy patrzę na życie siadujących naprzeciwko mnie na tym fotelu innych humanistów, artystów, pisarzy czy nauczycieli, to mi się zdaje, że ich życie jest znacznie trudniejsze.

Jak myślisz, skąd tyle witalności w tobie? Co cię napędza?
W jakimś sensie życie mi się udało – udało mi się z rodzicami, udało mi się z rodziną, którą założyłem, udało mi się z zawodem. No wiesz, bezpieczna więź czyni cuda.

Czułeś się kochany?
Tak! Rodzice mnie kochali, zajmowali się mną, ale jednocześnie dawali mi dużo wolności. Właściwie bardzo dużo czasu, nie wiem, czy nie większość, spędzałem na Błoniach, grając w piłkę. Jeszcze było lodowisko, przez jakiś czas szermierka. Wiesz, myślę, że sport jest ważnym energizerem! I jeszcze uczy zgody na porażkę, uczy współpracy, co mi się potem bardzo przydało, kiedy już pracowałem w zespole. Jeszcze innym ważnym energizerem są zainteresowania humanistyczne, też

pobudzają. Gdy skończyłem medycynę, to jeszcze poszedłem na filozofię. Byłem już lekarzem, a to były tzw. studia prostopadłe. Dziś powiedzielibyśmy – podyplomowe. Egzamin wstępny był z zadanych wcześniej lektur. Miałem coś powiedzieć o przeżyciu estetycznym według Romana Ingardena. No więc streszczam Ingardena, a komisja egzaminacyjna pyta: „A co pan o tym myśli?". No to ja dalej nawijam o Ingardenie. Ze trzy razy dopominali się o moje własne myśli i to było dla mnie, już lekarza, wydarzenie sensacyjne. Lekarz ma połknąć i użyć tego, co połknął. Filozof zupełnie inaczej. Wspaniałe to było, pouczające.

Na tej filozofii każdy był skądinąd – ktoś z AGH, ktoś z polonistyki, ktoś z ASP... Pamiętam, jak dyskutowaliśmy o tekście Kartezjusza i to było jedno ze wspanialszych przeżyć intelektualnych, bo zobaczyłem, że jeden tekst może mieć wiele egzegez. Czyli: tyle książek, ilu czytelników. To mnie zachwyciło i to mnie uczyniło psychoterapeutą. Zgoda na niepewność, dostrzeżenie i zawieszenie uprzedzeń, antydogmatyzm. Myślenie słabe.

Co to jest słabe myślenie?

Gianni Vattimo, filozof ponowoczesny, używa kategorii „myślenie słabe". Czy umiemy wątpić we własne myśli? Kwestionować je? Brzmi trochę masochistycznie, ale wcale takie nie jest. Tak naprawdę otwiera fantastyczne perspektywy: coś sobie myślisz, ale zarazem w to wątpisz, jesteś zmuszona do budowania wewnętrznych sporów, dialogów. Taki ruch myśli wzbogaca nas.

Talmudyczna idea. Czy nie sądzisz, że aby to było możliwe, niezbędna jest właśnie podstawowa ciekawość?

No właśnie. Bez niej ani rusz. Gdy przyglądam się swojej zawodowej ciekawości, zauważam, że zaczynałem być psychiatrą i psychoterapeutą, studiując filozofię. Potem bardziej zaangażowałem się w myślenie i działanie kliniczne, pracowałem wiele lat na oddziale psychoz, a następnie zająłem się pomaganiem rodzinom pacjentów. Teraz znowu często wracam do refleksji filozoficznej. Ciekawią mnie pytania ostateczne.

Ale zanim o tym, to jeszcze chciałabym wrócić do tych nagrobkowych konkretów. Chcesz być skremowany?
Podoba mi się idea, że z prochu jesteś i w proch się obrócisz. Poza tym to jest bardziej estetyczne. Ale też nie chcę nic narzucać, chcę, żeby moi bliscy czuli moją zgodę na wszystko, co im się w tej sprawie spodoba. Oczywiście, w różnych narcystycznych fantazjach można sobie wyobrażać, jak to miałoby być. Ale mam dystans do swoich pomysłów.

A coś byś napisał na swoim grobie? Jakieś epitafium?
Niech pomyślę, może: Bogdan de Barbaro, lekarz? Może psychiatra? Albo samo imię i nazwisko. Na grobie ojca jest napisane: Jerzy de Barbaro, żołnierz AK. Tylko między literką Z a literką A kamieniarz zrobił niedostateczny odstęp. I moja mama, będąc wdową, boleśnie przeżywała, że jej mąż został po śmierci „żołnierzakiem". Wolałbym uniknąć takich kłopotów.

Myślę, że nie da się w jednym zdaniu opisać człowieka, a poza tym, to mówiąc pół żartem, pół serio, gdy cię święty Piotr powita u bram niebios, to raczej nie będzie pytał: a jaki miałaś indeks Hirscha, a ile miałaś cytowań? On to ma w nosie. O zupełnie inne sprawy będzie pytał.

O jakie?
O ilość dobra czynionego. I domyślam się, że jeśli będzie mi dane ostatnie minuty życia przeżyć świadomie, to te minuty wykorzystam na przyglądnięcie się swojemu życiu pod tym kątem. Dziś nie jest mi obojętny wynik tego bilansu.

A z dziećmi rozmawiasz o tym, co byś chciał?
Bardziej w konwencji żartu, bo one nie lubią tych rozmów. Dawniej bywało, że gdy chcieliśmy ich wesprzeć jakimś finansowym zastrzykiem, a oni się dumą unosili, że nie trzeba, to mówiłem wtedy: oddasz mi u Helclów. To jest w Krakowie taki dom starców. Muszę ci powiedzieć zresztą, że to jest moje i Mitki największe szczęście, że mamy takie świetne dzieci, że one są na swoim i że się z nami przyjaźnią. To jest nasze główne źródło radości życia.

A testament napisałeś?
Dzieci nasze wiedzą, co jest dla kogo. To dla mnie bardzo ważne, żeby po naszej śmierci nie było między nimi napięć, co jest czyje. To jest powiedziane, zapisane na karteczce i w moim komputerze. Oni zresztą bardzo się kochają nawzajem, więc jestem spokojny.

Tak mówisz, jakby to było oczywiste, a w wielu rodzinach to nie jest oczywiste.
Myślę, że powinno być. To jest moja wiedza odpacjentowa – czasami w potyczce o jeden srebrny widelczyk dochodzi do rozbicia rodziny. Nieraz się zastanawiałem, dlaczego członkowie rodziny gotowi są, spierając się o drobną lub mniej drobną rzecz, zepsuć, a nawet zerwać relacje. Myślę, że pod spodem jest pytanie: kogo ten, co umarł, bardziej kochał. I komu jest bliżej do tego, kto odszedł.

Kiedy kilka lat temu zmarła moja mama, to myśmy z rodzeństwem zrobili naradę, kto co weźmie. I była w nas duża uważność na siebie, każde z nas chyba czuło, że to jest niezwykle delikatna sprawa. No i tu się nam powiodło.

Bardzo ważne jest to, o czym teraz rozmawiamy, te papiery testamentowe, czy oficjalne, czy na karteczce w szufladzie, czy w komputerze. Czasem sobie myślę, jak to będzie. Mam mnóstwo książek, dom zawalony papierami, dokumentami.

Kupiłem niszczarkę, żeby zacząć z tym porządek robić. A mój syn, Kuba, z właściwym sobie humorem mówi: „Wywalimy to, nic się nie martw, wywalimy wszystko".

Oni też myślą o tym.
Tak. To mnie czasami zaskakuje. Gdy zrobiliśmy sobie z Mitką drugie szczepienie, puściliśmy dzieciom SMS-a, że już jesteśmy po, i Kuba od razu odpisał, że to jest dla niego najważniejsza wiadomość, jaka może być. A Natalia tego samego dnia przyszła do nas z pięknym i radosnym bukietem kwiatów. Możliwe, że nie doceniałem, nie wpuszczałem tak głęboko do serca tego faktu, jacy jesteśmy dla nich ważni. Bardzo mnie to wzrusza.

Rozmowy wokół testamentu są trudne, bo dotyczą tej najważniejszej utraty, która wisi nad naszymi rodzinami. Wiadomo, że to przyjdzie, że jest nieuniknione.
Rozmawiamy o tym, ale w takim klimacie troszkę groteskowym. Na przykład ten dom, w którym mieszkamy z Mitką, ten dopiero co ogrodzony, jest pod Krakowem. Tam bardzo nam jest dobrze i złapałem się na tym, że nie chciałbym, żeby dzieci to sprzedały. I niedawno rozmawiałem z Natalią i Kubą o tym, że może to wynajmą? Wiem, to jest trochę dziecinne, ale co poradzę.

Czemu dziecinne?
Bo można powiedzieć, że skoro mnie nie ma, to co mi zależy? Oni mają żyć całkowicie swoim życiem bez myślenia, co by tatuś na to powiedział. A ja im się mieszam.

Powiedziałeś na początku rozmowy, że układają ci się odpowiedzi na te naprawdę duże pytania. To opowiedz mi o sensie.
Najbardziej sensowna odpowiedź jest taka, że sens polega na szukaniu sensu. I w związku z tym nie mam obowiązku czym prędzej go znaleźć.

Tak to widzę na ostatniej prostej. Może przedostatniej, bo ostatnia to już jest umieranie.

A co z perspektywy przedostatniej prostej uznałbyś za warte starania w życiu?

To może zabrzmieć banalnie, ale tu się powtórzę – czynienie dobra jest warte wszelkich starań. Co do tego nie mam wątpliwości. Przydawanie się ludziom, niesienie ulgi w cierpieniu. Gdy szedłem na medycynę, bardzo silna była we mnie idea, żeby pojechać do Afryki na misję. Mnie to wciąż prześladuje – osiemset milionów ludzi cierpi na niedożywienie, a jednocześnie – taki tragikomiczny paradoks – niewiele mniej jest otyłych. I prawie trzydzieści tysięcy ludzi codziennie umiera z głodu. Trudno o tym nie myśleć. Kiedyś mój pacjent, mówiąc o sytuacji na świecie, rozpłakał się. Wtedy pomyślałem, że to on jest normalny, a ja nienormalny. To jest to, co mnie dręczy.

Jak sobie z tym radzisz?

Wpłacamy z żoną co miesiąc jakąś sumę na UNICEF. To trochę zmniejsza, choć nie usuwa poczucia winy. Czuję się zaangażowany w różne sprawy społeczne, nie uchylam się. Mam też przekonanie, że na świecie zawsze było dobro i zło i że rzecz nie w tym, żeby zło obalić – bo to niemożliwe – tylko żeby, jak mówi Marek Aureliusz, znaleźć dla siebie jakąś dobrą cząstkę działania. To jest moje egzystencjalne wyjście z tej sytuacji. Nie da się cierpienia usunąć całkowicie, ale mogę na miarę swoich możliwości jakieś jedno ziarnko cierpienia osłabić. Jakbyś mnie zapytała, jaka sprawa mnie teraz najbardziej pasjonuje, to odpowiem, że jest to szukanie odpowiedzi na pytanie, jak zwalczać zło nie złem. Jak się nie wdawać w walki plemienne, ale jednocześnie nie pozostawać biernym obserwatorem.

Mnie pomaga twoje myślenie, że jesteśmy tu tylko na mgnienie oka, ulotni i przygodni.

No właśnie, a tak często nam się wydaje, że my to cały świat. Sensowniejsza wydaje mi się pokorna zasada „Róbmy swoje".

Róbmy swoje, ale nie tylko dla siebie, tak?

Herbert wzywa: „idź!". Nie wiem, czy nie chojrakuję teraz, ale staram się nie być obojętny. Zapytam żonę...

Myślę też, że w znajdywaniu sensu bardzo mi pomagają moi pacjenci. Dzisiaj przygotowywałem referat o moich terapeutycznych „Sukcesach i porażkach", przeglądałem kartoteki, patrzyłem, gdzie ten sukces, gdzie porażka. I zobaczyłem, że to, co sobie mogę policzyć za sukces, to na przykład praca z pacjentem, którego mam pod opieką ponad trzydzieści lat. Towarzyszę mu. W sumie niewiele działam, bo on już sam jest swoim terapeutą. Ale pamiętam, jak wiele lat temu jego rodzice, bardzo już starzy, prosili mnie, żebym się nim opiekował. To jest rodzaj zobowiązania, związania. On sobie dobrze radzi, idzie przez życie, co pewien czas zadzwoni: panie doktorze muszę chyba podnieść pernazynę, bo mi niepokój i głosy wróciły. Więc się spotykamy, rozmawiamy, uzgadniamy dawkę leku, on idzie dalej w życie, a gdy będę mu potrzebny, to się znowu spotkamy.

I co z nami będzie dalej?

Jak nic nie będzie, to też coś będzie. Zawsze coś jest. Czy ja jednak nie za bardzo się tu osobiście odkrywam? Jak myślisz? Może terapeuta powinien być nieczytelny, nieosobisty? Ale chyba w cyberświecie to już jest niemożliwe. Więc pewnie można już mówić o sobie... Na przykład, że psychiatra to też człowiek. A ponadto, że warto sobie co pewien czas przypominać, żeśmy tylko takimi małymi ziarnkami piasku na wielkiej pustyni. I że ta okoliczność nie powinna nas uwięzić w nihilizmie.

NIE JESTEM
JUŻ TAKI SUROWY

Wiktor Sedlak

(ur. w 1950 r. w polskim szpitalu w Melton Mowbray, w Anglii)

Psychoanalityk szkoleniowy i superwizor Brytyjskiego Towarzystwa
Psychoanalitycznego, w najbliższej kadencji – jego prezes. Członek
honorowy Polskiego Towarzystwa Psychoanalitycznego i Polskiego
Towarzystwa Psychoterapii Psychoanalitycznej. Prowadzi seminaria
psychoanalityczne w Polsce i w Niemczech; był profesorem wizytującym
na Uniwersytecie Kioto w Japonii. Prowadzi prywatną praktykę
psychoanalityczną w północnej Anglii. Ostatnio ukazała się w Polsce
jego książka *Superego, ideały ego i ślepe plamki psychoanalityka.
Emocjonalny rozwój klinicysty*.

Raz na miesiąc w sobotę rano ojciec mówił:
synku, potrzebujemy cukru, tylko pamiętaj,
kupuj po jednej paczce w każdym sklepie, nie więcej,
bo policja może cię złapać.

◆ ◆ ◆

Wszedłem do gabinetu i poczułem
okropny lęk, pomyślałem, że za nic
się nie położę na kozetce.

◆ ◆ ◆

Jestem teraz łagodniejszy wobec samego siebie.
Myślę: tu źle zrobiłeś, albo: tamto, co zrobiłeś,
nie było ładne, ale nie znęcam się nad sobą.
To jest bardzo ważne.

Ile masz lat, Wiktorze?

W listopadzie skończę siedemdziesiąt.

To dużo?

Dość dużo. Mam nadzieję, że jeszcze będę mógł pracować co najmniej pięć, sześć lat, bo wiesz, jestem analitykiem szkoleniowym, czyli takim, który przygotowuje innych analityków do zawodu, i mam teraz w analizie trzy osoby. Zanim odejdę na emeryturę, muszę zakończyć pracę z nimi.

Spieszy ci się do tej emerytury?

Właśnie ostatnio dużo myślę nad tym. Ja się mocno trzymam z grupą kolegów, z którymi studiowałem psychologię – było nas dwanaście osób, co parę lat się spotykamy. Oni jakieś dziesięć lat temu zaczęli już marzyć o emeryturze i z nas wszystkich tylko ja jeszcze pracuję.

Myślę, że mam wielkie szczęście, bo ta praca nadal mnie bardzo interesuje, ale jednocześnie czuję swój wiek, swoje lata.

Mieszkam i pracuję w Leeds na północy Anglii, mój syn mieszka w Turcji, córka w Portugalii, czasami myślę: ale byłoby fajnie pojechać do każdego z nich na sześć, osiem tygodni. Rano bym spokojnie pił kawę, wygrzewał się na słońcu… W ostatnich latach coraz wyraźniej coś mnie ciągnie do tej emerytury.

To znaczy do czego konkretnie?

No właśnie, dobre pytanie. Obawiam się, że do rezygnacji. Myślę o mojej matce. Ona przeżyła wiele trudnych rzeczy w swoim życiu – wojnę, wysiedlenie na Syberię, wychodzenie z armią Andersa… Dużo mówiła o tym, że „marzy o świętym spokoju". Gdy tylko się pojawiały jakieś trudności, nie mogła tego znieść, zaczynała się bać i marzyła, żeby „to" się szybko skończyło. Coś z tego jest i we mnie i dlatego myślę, że to nie jest do końca zdrowe. Ale jestem tego świadom, świadomie się z tym borykam.

A jak wygląda „zdrowa emerytura"?

Moja żona już jest na emeryturze i lubi to. Codziennie idzie na długi spacer z psem, ma swoje zainteresowania. Ja sobie wyobrażam to tak: nie mam pacjentów, ale codziennie przez kilka godzin prowadzę superwizję poprzez Skype. Mógłbym to robić z różnych miejsc na świecie. Kilka lat temu mieliśmy okazję pojechać do Japonii na sześć miesięcy, bo byłem profesorem wizytującym na uniwersytecie w Kioto. W tym czasie moja żona była już na emeryturze. W ciągu dnia trochę pracowałem, a ona sprawdzała, co jest w mieście ciekawego do zobaczenia, wracałem do domu i razem gdzieś szliśmy. Nie byliśmy turystami, nie spieszyliśmy się, bo żyliśmy tam spokojnie przez kilka miesięcy. Bardzo nam się to podobało. Myślę, że moglibyśmy pojechać na trzy, cztery miesiące do Berlina, Warszawy czy Rio de Janeiro. Ale jednocześnie obawiam się, że w tych pomysłach jest jakiś grząski grunt. Na emeryturze mógłbym dłużej pospać, myślałbym, a po co tak rano wstawać, potem byłaby już 11.00, to za późno, żeby pójść biegać… a potem jest już 16.00 i można gin wypić... Tak to się będzie rozłazić.

Myślisz o tym psychoanalitycznie, badasz swój wewnętrzy, nieświadomy konflikt.

To badanie samo się narzuca. Myślę o popędzie życia i popędzie śmierci. Hanna Segal, psychoanalityczka polskiego pochodzenia, pisała, że kiedy niemowlę się rodzi, to najbardziej chce żyć, ale przecież w każdym życiu jest zawsze też jakiś ból. Dziecko jest głodne albo wściekłe, bo przez chwilę nie ma przy nim matki. Segal pisała, że kiedy doświadczamy frustracji, to wtedy zwykle coś nas ciągnie w stronę tego „świętego spokoju", żeby się już skończyło, żeby już nie bolało, żeby już się dłużej nie męczyć. Ja ten kawałek pragnący rezygnacji dobrze w sobie czuję.

Ciało o tym przypomina. Lubię uprawiać sport: biegam, jeżdżę na rowerze. I widzę, że teraz coraz trudniej jest mi się zebrać. Budzę się w niedzielę, myślę: o, fajna pogoda, pojadę gdzieś na rowerze. A potem biorę gazetę do ręki, czytam, o, już jest 11.00, już nie warto wyjeżdżać.

Można z tym coś zrobić?
Trzeba być świadomym tego, że są w nas są różne siły. Jak wiesz, prowadzę seminaria w Niemczech, w Polsce. Za każdym razem gdy mam wyjechać, to myślę: a po co mi to, przecież potem będę zmęczony, lepiej już z tego zrezygnować. Później jednak jadę i jest bardzo fajnie, i cieszę się, że jestem.

Jest trud, żeby się dźwignąć.
No właśnie. I ten trud rośnie wraz z upływającymi latami. Ciało mdłe i duch też nie taki wyrywny. Ale nie każdy tak ma. Tak jak ci mówiłem, dużo jest w tym z mojej matki. Widziałam, jak zrezygnowała z życia. Mój ojciec umarł dość wcześnie i od tego czasu mieszkała już sama.

Opowiesz o niej trochę więcej?
Po prostu, zrezygnowała... Była młodą, atrakcyjną kobietą, gdy owdowiała. Interesowali się nią jacyś mężczyźni, ale ona nie była zainteresowana. Mieszkaliśmy więc sami, we dwoje, bo nie mam rodzeństwa.

A jaki był ojciec?
Ojciec był katolikiem, ale miał trzy żony, więc nie wiem, jaki to katolik…

...poszukujący.

Zmarł, gdy miałem siedemnaście lat. To bardzo dziwne, ale jego testament znalazłem w papierach ciotki, gdy miałem trzydzieści siedem lat. Przeczytałem tam, że ojciec zostawia mi młyn w Polsce. Pomyślałem: ale fajnie! I postanowiłem wziąć syna i pojechać, szukać tego młyna. Mama się przestraszyła, mówi: nie jedź, wezmą cię do armii i już cię nie zobaczę. Ja mówię nie, mogę spokojnie jechać, przecież mam brytyjski paszport, pojedź ze mną. Nie dawała się namówić. W końcu dzwonię i mówię: słuchaj, jutro kupuję bilety na statek, bo autem jechałem, a ona na to: nie znajdziesz tam żadnego młyna, ale może znajdziesz Janusza. To ja pytam: kto to jest Janusz? A to twój brat. Jak to brat?! Mam brata? Mam tyle lat i nic o tym nie wiem, a ona mówi: to ojca syn.

Pojechałem do Polski i odnalazłem go. W Sosnowcu. Przyjechałem, pukam, a tu... drzwi otwiera mój ojciec. Tak są podobni. To było naprawdę coś. Mówi: moja mama jeszcze żyje. Więc ja z kolei pojechałem do niej i ona tak ciepło wspominała mojego ojca. Ja mówię: proszę pani, ale... A ona na to: wiesz, on miał tylko jedną wadę – za dużo kochał. Potem szybko zmarła po naszym spotkaniu. Chciałem się dowiedzieć więcej o ojcu, pisałem do Londynu, do stowarzyszenia żołnierzy armii Andersa, i dostałem dużo informacji. Wiem, że był zawodowym żołnierzem, że miał jeszcze trzecią żonę. Po wojnie, jak wielu z armii Andersa, wylądował w Anglii i zrobił się bardzo podejrzliwy, paranoidalny. Uważał, że papież się dowie, co zrobił, i bał się, że będzie miał problemy. Wymyślił, że jest luteraninem. Ale nigdy nie chodził do żadnego kościoła, tylko mnie wysyłał. Był związany z Polską. Ja też zawsze wiedziałem, że jestem polskiego pochodzenia, byłem dumny, gdy Anglia grała z Polską.

Komu kibicowałeś?

Kiedyś zawsze Polsce, dopiero ostatnio patrzę, kto ma większe szanse. Ale gdy jest równo, to zawsze jestem za Polską. Mam też polski paszport, chciałem, żeby po brexicie moje dzieci dalej mogły mieszkać w Unii.

Z czym tu się czujesz związany?

Z językiem, z ludźmi. Pamiętam, jak przyjechałem pierwszy czy drugi raz i wsiadłem do tramwaju. Siedzę, patrzę w te twarze dookoła mnie i czuję się dobrze, spokojnie. Nagle zrozumiałem, że to są te same twarze, które widziałem, kiedy byłem dzieckiem. Ja się wychowałem w Anglii, w obozie dla tych, którzy się szykowali do repatriacji.

Byłem wtedy w tym polskim tramwaju bardzo poruszony i jak widzisz, teraz też się wzruszam…

Ale tak naprawdę czuję się u siebie w Anglii i cieszę się, że tam mieszkam. Gdybym miał wybierać, wybrałbym Anglię, ona mi dała nieporównanie większe możliwości, niżbym miał tu, w Polsce.

Udało ci się odnaleźć ten młyn?

On nie istnieje. Miał stać koło Zielonej Góry. Pojechałem tam z synem, szukamy. Widzę, jakiś staruszek idzie, zatrzymujemy się, opowiadam całą historię, pytam, czy tu była rodzina Sedlaków. On mówi: nie, ale znam jednego starszego pana, który wszystko pamięta, urodził się w 1910 roku. Jedziemy do niego. Staruszek siwiutki, ale głowa pracuje. Mówi: nie, Sedlaków tu żadnych nie było.

Nie wiem, czemu ojciec to wymyślił. Miał jakieś fantazje. Ale był dobrym ojcem. Mam tego świadomość.

Świadomość spraw przynosi ulgę?

Różnie to bywa. Zapytano Hannę Segal, jak widzi przyszłość psychoanalizy, a ona na to, że nie wie, ale myśli, że będzie bardzo trudno. A potem dodała: „Ale ja mam dziewięćdziesiąt lat i w moim wieku już na wszystko patrzy się pesymistycznie. Może teraz mój wiek mówi przeze mnie, może wszystko będzie dobrze".

Była świadoma swojego wieku i mnie się zdaje, że nie można żyć lepiej, jak tylko być świadomym tego, co się z nami dzieje.

Analitykowi trudno jest być optymistą?
Jak ktoś jest wyłącznie optymistyczny, to jest chory, w manii.

Czy wiesz, że psychoterapeuci, psychoanalitycy pracują i żyją najdłużej?
Coś słyszałem na ten temat. Widziałem wywiad z analityczką, która ma ponad sto lat i nadal pracuje.

Dlaczego tak jest, jak myślisz?
Widocznie jednak jest w nas jakiś optymizm i chęć do życia. Mnie się zdaje, że to ma wpływ także na ciało.

Opowiem ci historię. Niedawno mój dobry kolega Graham musiał odejść na emeryturę. Nie chciał, ale miał kłopoty kardiologiczne, nie było rady. Tu, na północy Anglii, jest niewielu analityków i mnie to zasmuciło, że on odszedł, przestaliśmy mieć taki ścisły kontakt. Mieli mu wstawiać rozrusznik i przed operacją musiał odbyć rozmowę z kardiologiem. I ten kardiolog mówi: zobaczysz, jaka to będzie fantastyczna zmiana, teraz trudno jest ci wejść po schodach, a kiedy ci wstawię ten rozrusznik, będziesz biegał z góry na dół. Nic się nie martw, ja takich operacji robię pięć, sześć dziennie. A Graham mówi: pan sobie nawet nie wyobraża, jak ja panu zazdroszczę. Ja pracuję dziesięć lat z pacjentem, żeby mu się coś poprawiło w życiu, a tu w pół godziny przychodzi taka spektakularna zmiana.

Opowiadam ci o tym, bo z tej historii widać, że do analizy trzeba mieć zapał i cierpliwość. Analityk nie co dzień przeżywa wzloty. Ja mam może jedną taką sesję w tygodniu, po której czuję, że była fantastyczna. U nas nie ma spektakularnych rezultatów. Ale jest codzienne zainteresowanie tym kimś, komu pomagam. I nawet jak jest nudna sesja, to jestem zaciekawiony, dlaczego ona była taka nudna, co tu się dzieje między mną a pacjentem.

Czyli wehikułem, który cię napędza, jest ciekawość?
Wygląda na to. Chyba właśnie odkryliśmy tajemnicę długowieczności! Zaciekawienie ma o wiele większe znaczenie niż to, że czuję się komuś potrzebny. I to jest szczególny rodzaj ciekawości.

Napisałem książkę, w której opisuję, jak osobowość analityka zmienia się długo po zakończeniu szkolenia. Piszę o tym, że ta praca nas samych bardzo rozwija. Kiedy natrafiamy na coś trudnego w naszym pacjencie, to to samo musimy zidentyfikować w sobie i jakoś opracować. Inaczej nie możemy pomóc drugiemu człowiekowi. Kiedy analityk w sobie rozpozna ten kawałek, to w rozmowie z pacjentem może go opisać. Poza tym ta praca nieustannie nas konfrontuje z jakimiś trudami. Na przykład analityk złości się na swojego pacjenta, bo ten głosował za brexitem. Ale przecież nie może się zatrzymać na tym poziomie, musi zrozumieć, co się za tym kryje, co jest głębiej, co go tak naprawdę złości. Zazwyczaj, gdy coś opisuję w trakcie sesji, to nie tylko zmienia się coś w pacjencie, ale także i we mnie. I to również oddziałuje na życie osobiste. Teraz z żoną nam się o wiele lepiej żyje niż kiedyś.

Ile lat wam zajęło docieranie się?
Jakieś czterdzieści osiem. Bo tyle jesteśmy razem. Moja żona właściwie uratowała nasz związek. Na początku mieszkaliśmy na północy. Potem dostałem pracę w klinice, w Londynie, przeprowadziliśmy się. Miałem bardzo małe doświadczenie jako psychoterapeuta, ale pracowałem z samymi gwiazdami: Johnem Steinerem, Davidem Malanem. Pomyślałem: co to za fantastyczne miejsce, co ja tam robiłem na tej północy, po co ja tam czas traciłem. W tym czasie urodził nam się syn i moja

żona była z nim w domu. W Londynie mało kogo znała, spędzała całe dnie z dzieckiem, a ja w tym czasie byłem z tymi gwiazdami i to mi się bardzo podobało! Zacząłem myśleć o niej, że jest nudna, że tylko siedzi w domu. W tym samym czasie jej koleżanki mówiły, że jestem okropny, że ją tak zostawiam. Ale ona zamiast ode mnie odejść, zobaczyła, że to nie tylko moja wina, że i ona ma jakiś w tym swój udział. Wtedy poszła na swoją analizę i zaczęła się zmieniać. I ja też zacząłem się zmieniać.

Zaczęliśmy się robić bardziej cierpliwi, łagodni, wyrozumiali.

To oczywiście nie przyszło od razu, musiało trochę potrwać. Potem mieliśmy drugie i trzecie dziecko, wróciliśmy na północ, bo nie chcieliśmy dzieci wychowywać w Londynie. Kupiliśmy większy dom z dużym terenem, dzieci miały wiele swobody. Mieszkaliśmy wśród przyrody. Istnienie dzieci też pomaga, żeby się chcieć dogadać.

Skąd wiedziałeś, że chcesz zostać psychoanalitykiem?

Nie od razu wiedziałem. Najpierw byłem psychologiem behawioralnym. W tamtych czasach wszyscy byli tacy. Ale miałem szczęście, bo dość wcześnie poznałem analityka Ronalda Markilliego i zwróciło moją uwagę, że zazwyczaj, gdy mam jakiś kłopot, to chcę iść właśnie do niego, żeby pogadać i że to mi pomaga.

Miałem pacjentkę z agorafobią, ale bała się również, że gdy wyjdzie z domu, to może zobaczyć kogoś, komu brakuje ręki albo nogi. Leczyłem ją behawioralnie, uczyłem, jak ma się relaksować, „odwrażliwiać". Mówiłem na przykład: niech pani wyobrazi sobie, że spotyka kogoś, komu brakuje tylko małego palca. Nagrałem dla niej specjalną taśmę z treningiem autogennym, żeby jej słuchała w domu, żeby mogła się relaksować. I pewnego dnia ona przychodzi do mnie na sesję i mówi, że ta taśma jest rzeczywiście fantastyczna, że zaprosiła koleżanki, włączyła ją i wszystkie koleżanki się strasznie śmiały. Po tej sesji opowiedziałem to Ronaldowi, a on też się zaczyna śmiać. Pytam, co w tym takiego śmiesznego, a on mówi: zobacz, jak ona ciebie kastruje, całkiem się nie dziwię, że się boi, że zobaczy kogoś, komu czegoś brakuje – ręki, nogi, a może penisa? I wtedy uzmysłowiłem sobie, że ona nie tylko śmiała się z tej mojej taśmy, ale w ogóle podważała wszystko, co jej proponowałem. Wtedy dotarło do mnie, że dzięki analizie można zobaczyć w sobie coś ważnego, głębszego, czego się na co dzień nie widzi. Postanowiłem, że sam pójdę na analizę. Nie mogłem iść do Ronalda, bo już go znałem, ale okazało się, że sto kilometrów od nas mieszka jungowska analityczka, zresztą żona pastora. Co niedziela jeździłem do niej na sesje. Po jakimś czasie powiedziała, że muszę jechać do Londynu, że tam są bardziej doświadczeni analitycy. Ronald polecił panią Balint, wtedy siedemdziesięcioletnią.

Wszedłem do niej do gabinetu i poczułem okropny lęk, pomyślałem, że za nic się nie położę na kozetce. Na pierwszej sesji nie mogłem, na drugiej nie mogłem, przed trzecią pomyślałem, że muszę. Idę do niej na tę trzecią sesję i mówię, że się położę, a ona mówi: nie, nie położy się pan, bo ja myślałam o panu i doszłam do wniosku, że pan będzie się chciał szkolić, a ja już jestem za stara, żeby być szkoleniowym analitykiem, i przepraszam, ale to jest nasza ostatnia sesja.

Byłem wściekły, przecież się przygotowałem. Ale ona była nieugięta. I powiedziała wtedy coś ważnego dla mnie: raz pana przeprosiłam i wystarczy. Była mocna, ale nie okrutna.

Pomyślałem, ależ ona musi być doświadczona, że potrafi mi coś tak trudnego powiedzieć, że jest naprawdę czujna i że też bym tak chciał.

I udało ci się?

Teraz chyba tak. Już mam to doświadczenie, że mogę trudne rzeczy powiedzieć pacjentowi. Wiem, że to jest bolesne, ale wiem też, że nie mówię tego, żeby być okrutnym, tylko naprawdę jestem przekonany, że jeśli pacjent będzie mógł zacząć o tym myśleć, to będzie dla niego pomocne. I nie jestem taki surowy jak kiedyś.

Byłeś kiedyś surowy?

Albo ślepy. Jak z tą pacjentką – nie widziałem, że ona mnie kastruje, umniejsza, dewaluuje.

Bywałem więc sarkastyczny, a to też nie jest pomocne. Trzeba mieć odwagę zobaczyć, co jest trudne, a potem to powiedzieć pacjentowi. Bałem się, za dużo się zastanawiałem, jak mam powiedzieć i co się stanie, gdy powiem. Potem pomału nauczyłem się być mocnym i łagodnym zarazem.

Jestem też łagodniejszy wobec samego siebie. Myślę: tu źle zrobiłeś, albo: tamto, co zrobiłeś, nie było ładne. Ale nie znęcam się nad sobą. To jest bardzo ważne.

Jesteś wobec siebie szczery?

Staram się być. To też dotyczy przemijania. Miałem taką przygodę, opowiem ci. Gdy skończyłem pięćdziesiąt lat, to wpadłem w coś maniakalnego. Od zawsze biegałem, lubiłem to, ale wtedy postanowiłem, że pobiję wszystkie swoje poprzednie rekordy. Biegałem coraz szybciej i szybciej, aż w końcu zachorowałem – czułem się okropnie słaby, ale nie mogłem tego połączyć. Pomyślałem, to już starość.

Odezwało się surowe superego, które nie pozwala na słabość. Trudno było uznać, że moje wyniki będą z roku na rok słabsze, a nie lepsze, ale w końcu odpuściłem. Sześć miesięcy w ogóle nie biegałem, bo tak się źle czułem, ale potem zaczęło być coraz lepiej i dotarło do mnie, jakie to było wariactwo. Trudna lekcja, twarda.

Teraz, gdy jestem zmęczony, to odpoczywam, nie próbuję się nadużywać.

Robisz już jakieś podsumowania, bilanse?

Owszem. Jestem bardzo dumny z kilku rzeczy.

Wiesz, byłem przez wiele lat jedynym analitykiem między Londynem a Edynburgiem. A teraz w Leeds, gdzie mieszkam, mamy ośmiu analityków, w Manchesterze czterech i ja ich wszystkich wyszkoliłem. Teraz starsi analitycy przyjeżdżają do nas z Londynu, żeby uczyć młodych.

Jestem dumny z tego, że miałem wpływ na rozwój analizy w Polsce, że wydałem książkę. Jestem dumny, że napisałem to, co zrozumiałem. Jestem też bardzo dumny z naszych dzieci i z tego, że każde dziecko jest bardzo inne. Nie masz pojęcia, jak mnie to cieszy. Myślę, że stworzyliśmy im dobre warunki do rozwoju. Ostatnio trochę chorowałem, miałem jakieś kłopoty gastryczne, a przecież pamiętam, że mój ojciec zmarł tak młodo właśnie na nowotwór żołądka, więc dużo myślałem o podsumowaniach.

Bałeś się, czy to się dobrze skończy?

Tak. Miałem badania w szpitalu i powiedzieli, że wszystko jest w porządku, ale ja i tak miałem różne obawy i zacząłem się zastanawiać, czy to nie jest początek mojej kariery jako pacjenta… Leżałem w szpitalu i myślałem: pewnie coś znajdą, pewnie będą dalsze badania, leczenie, operacja… I wtedy pomyślałem też sobie: no tak, ale mam już sześćdziesiąt osiem lat i nawet gdy mi przyjdzie umierać, to będzie smutne, ale to już nie będzie tragedia.

Byłem bardzo zdziwiony, że miałem taką myśl, bo spodziewałem się po sobie raczej utyskiwania, że to wszystko jest bardzo niesprawiedliwe. Myślałem, że wolałbym jeszcze z dziesięć, dwadzieścia lat pożyć, ale jeśli to jest początek końca, no to trudno.

A gdy nie jesteś w szpitalu, to myślisz o śmierci, porządkujesz sprawy?

Dość często. Napisaliśmy z żoną testamenty. W Anglii, gdy rodzice umierają, to spadkobiercy muszą płacić trzydzieści pięć procent podatku, ale gdy rodzice obdarują dzieci na siedem lat, zanim umrą, to żadnego podatku nie ma. Więc jakieś trzy lata temu zaczęliśmy rozdawać to, co mamy. Ja teraz zarabiam o wiele więcej, niż potrzebujemy, więc resztę dajemy dzieciom.

I co one na to? Nie mówią: przestańcie, jeszcze nie umieracie?

Mówimy im bardzo wprost, że mamy nadzieję, że jeszcze będziemy ze dwadzieścia lat żyli, ale skoro mamy te pieniądze teraz, to wolimy im je dać teraz. Po co oni mają czekać, aż umrzemy, a potem jeszcze płacić podatek? Dla córki to miało wielkie znaczenie, bo dzięki temu mogła kupić dom w Portugalii. Starszy syn nie potrzebuje naszej pomocy, sam bardzo dobrze zarabia. A młodszy, który teraz jest w Turcji, ale prawdopodobnie przeprowadzi się do Hiszpanii, będzie miał dzięki temu gdzie mieszkać.

Mówimy im wprost: kiedyś przyjdzie nasz koniec. Taka jest rzeczywistość.

A o swoim pogrzebie myślisz?

Myślę, co o mnie powiedzą.

I co powiedzą, jak ci się zdaje?

Mam nadzieję, że dobre rzeczy. Że ktoś coś powie o zawodowym życiu, że dzieci coś powiedzą. W Anglii jest tak, że najpierw wszyscy się zbierają w kościele, a potem dopiero wchodzi trumna. Bardzo kibicuję klubowi Everton, gdy oni wchodzą na boisko, to zawsze grają hymn. Więc poprosiłem syna, żeby ten hymn puszczono, kiedy trumnę będą wnosić do kościoła. Nie chcę smutku.

Nie chcesz smutku, ale oni prawdopodobnie jednak będą smutni.

Nie chcę, żeby się smucili. Miałem bardzo dobre życie. Miałem szczęście, że moi rodzice wylądowali w Anglii, a nie w Polsce. Dostałem bardzo dobrą edukację.

Wspominałem ci, że na początku mieszkaliśmy w obozie dla Polaków, nie znałem słowa po angielsku. Rodzice myśleli, że jeszcze wrócą do Polski, ale gdy zobaczyli, co Rosjanie zrobili na Węgrzech, to zrozumieli, że tu nie ma czego szukać. Posłali mnie więc do angielskiej szkoły i tam byłem jedynym Polakiem, ale nie pamiętam, żeby ktokolwiek mnie źle traktował. Miałem szczęście, bo dobrze w piłkę grałem.

W jakiej formie rodzice byli po wojnie?
Mnie się zdaje, że w złej. Matka miała czternaście lat, gdy ją wywieźli z Wilna na Syberię. Była inteligentną kobietą, ale nie poszła już do szkół, pracowała jako krawcowa. W innych warunkach może by została lekarką albo nauczycielką. Ojciec był ranny pod Monte Cassino, potem chorował na serce. Moim zdaniem był zniszczony przez wojnę. W Anglii pracował w fabryce, czasem pilnował banku w nocy jako ochroniarz.

Mentalnie wyszli pokaleczeni.
Tak. I to też mnie ciągnęło do analizy. Czułem, że jest we mnie coś z tego „świętego spokoju" mamy. Taka identyfikacja z tymi, którzy już nie chcą naprawdę żyć, bo nie mają siły borykać się z tym wszystkim.

My jesteśmy drugim pokoleniem, niesiemy to.
Tak. Ale możemy przynajmniej być tego świadomi. W tym obozie, o którym ci opowiadam, cała nadzieja była w dzieciach. Byliśmy okropnie biedni, każdy z nas miał najwyżej jedną parę butów, ale ja naprawdę nie mogę narzekać. Mieliśmy bardzo dużo swobody, biegaliśmy po łąkach, po polach. Było nas bardzo dużo. Nie byłem sam jeden.

Zastanawiałem się, czy moi rodzice mieli depresję. Pamiętam, że pędzili wódkę. Gdy miałem osiem lat, zamieszkaliśmy w małym miasteczku. Nie było supermarketów, na każdym rogu był mały sklep. Gdy miałem dziewięć lat, to już mogłem rowerem jeździć, ten rower miał bagażnik z tyłu i raz na miesiąc w sobotę rano ojciec mówił: synku, potrzebujemy cukru, tylko pamiętaj: kupuj po jednej paczce w każdym sklepie, nie więcej, bo policja może cię złapać. Czasami w niedzielę po południu ludzie przychodzili, pili, więc to nie mogła być bardzo ciężka depresja.

A co jest według ciebie najbardziej warte starania?
Miłość i pasja oczywiście. Nie tylko do bliskich, ale także do zawodu. Mogę powiedzieć bardzo serio, że kocham analizę!

Ona naprawdę może pomóc. Bardzo pomału, ale bardzo realnie. I to mi się podoba. To są bardzo małe kroki, dzięki którym przez lata buduje się coś solidnego, trwałego. Kiedyś miałem pacjenta, który bardzo chorował na depresję po śmierci swojego ojca. Okropnie bał się śmierci ten mój pacjent. Pewnego dnia jechałem do pracy i tak sobie myślałem, że ja już tak bardzo się nie boję śmierci jak ten mój pacjent, a tu nagle w radio ktoś mówi, że jakiś antropolog odkrył, że po trzech pokoleniach to zwykle nikt już o nas nie pamięta. Pomyślałem, wnuki będą mnie pamiętały, ale ich dzieci już nie.

Wyobrażasz to sobie – po trzech pokoleniach nikt już o nas nie myśli, nie ma śladu. I to mnie jednak bardzo dotknęło. Myślałem, że jestem przygotowany na śmierć, ale przecież nie na wieczne zapomnienie…

BARDZIEJ
CENIĘ ŻYCIE

Wojciech Eichelberger

(ur. w 1944 r. w Warszawie)

Psycholog, psychoterapeuta, pisarz. Pionier środowiskowej terapii schizofrenii. Współzałożyciel ośrodka Laboratorium Psychoedukacji, obecnie prowadzi Instytut Psychoimmunologii w Warszawie. W stanie wojennym działacz podziemnego Komitetu Oporu Społecznego. Autor wielu książek, m.in. wydanej ostatnio autobiografii *Wariat na wolności*. Buddysta zen.

Wszystkie złe czyny popełnione przeze mnie
od niepamiętnych czasów, skutkiem chciwości, gniewu
i niewiedzy, zrodzone z ciała, mowy i umysłu – teraz
wyznaję ze skruchą.

◆ ◆ ◆

Na mojej historii zaważył kompletny
brak ojca i bardzo szczególna relacja z matką.
Od początku życia wiedziałem, że nie powinienem
matce sprawiać niepotrzebnych kłopotów. Nauczyłem się
więc radzić sobie ze wszystkim sam, być dzielnym synkiem
i jak najmniej od niej potrzebować.

◆ ◆ ◆

Na porządku dziennym było bawienie się ludzkimi
szczątkami, znajdowanymi tu i tam. Na przykład mecze
piłki nożnej rozgrywane ludzką czaszką. To wczesne
obcowanie ze śmiercią nauczyło mnie czerpać z życia,
póki czas.

◆ ◆ ◆

Młodzieńcza arogancja wobec ciała zamieniła się
w szacunek, teraz już wręcz organiczny.

Wojtku, ile ty masz lat?

Niedługo skończę siedemdziesiąt siedem. Od trzynastu lat mieszkam na wsi i jeden z moich sąsiadów, już dobrze po osiemdziesiątce, powiedział mi, że „kto przeżyje dwie siekierki, ten do stówki dociągnie". No to zbliżam się do tych siekierek.

Nie mogę się nadziwić, że już tyle lat minęło. I to nie jest wyparcie czy budowanie iluzji, naprawdę czuję się doskonale. Nie choruję, nie mam żadnych chronicznych dolegliwości, nie biorę leków, mam dobrą kondycję i dużo frajdy z życia.

To w środku masz ile lat?

Około czterdziestki? Czasami mi się wydaje, że nigdy w życiu nie czułem się tak dobrze jak teraz. Byłem kiedyś bardzo sprawny i wysportowany, może to dzisiaj procentuje, ale niestety, wtedy jechałem na arogancji, nadużywałem się, miałem wciąż jakieś kontuzje, chorowałem, bywałem bardzo zmęczony. Od czterdziestki stopniowo hamowałem i dzisiaj mam z tym święty spokój.

Jak to zrobiłeś?

W dużej mierze wiążę to z odkryciem naturalnej, właściwej dla mnie dyscypliny trybu życia. W latach siedemdziesiątych zeszłego wieku zaangażowałem się poważnie w zen i tam nauczyłem się mądrze dbać o ciało i umysł. Trochę musiało potrwać, zanim wszystko wprowadziłem w życie, bo ta praktyka dla początkujących jest bardzo wymagająca, ale pomału tym nasiąkałem.

Od tamtego czasu jestem na diecie wegetariańskiej, ale od kilkunastu lat uzupełniam ją rybą i nabiałem. Codziennie medytuję choćby tylko przez dziesięć minut. Kiedyś w miłym towarzystwie uprawiałem rekreacyjnie, ale intensywnie żeglarstwo i jeździectwo, a tam niemal codziennie się piło. Na szczęście i to odeszło. Mój organizm bardzo na tym skorzystał. Młodzieńcza arogancja wobec ciała zamieniła się w szacunek, teraz już wręcz organiczny. Poza tym uporządkowałem swoje życie także w innych obszarach – relacji, związków, środowiska życia i pracy.

Kiedy powiedziałam, że chcę rozmawiać z tobą o starości – obruszyłeś się.
Może dlatego, że to słowo ma tak okropnie negatywną konotację? W obecnych czasach starzy ludzie są obdarzani pogardliwym współczuciem i odstawiani na boczny tor. Starość uznana została za chorobę, za smutną, upodlającą końcówkę życia.

Może chodzi o to, że starzy ludzie swoim istnieniem przypominają nam, że i my przeminiemy?
To swoją drogą. Ale chodzi mi teraz o jakość końca życia. Spójrz na tę coraz bardziej rozwijającą się uporczywą terapię przemijania. Doprowadza ludzi do dramatycznej mentalnej i fizycznej degeneracji, które wcześniej w historii ludzkości nie miały miejsca. Takiej starości sobie ani nikomu nie życzę.

A na co dzień myślisz o swoim przemijaniu?
Oczywiście. To temat nieustannie obecny w mojej świadomości. Mimo ogólnej dobrej kondycji widzę przecież, jak moje ciało się zmienia, ewidentnie się starzeje i słabnie. Ale testuję granice mojego wpływu na spowalnianie i optymalizowanie tego procesu.

Dwanaście lat temu, kiedy przechodziłem jednoczesny kryzys życiowy, wizerunkowy i zdrowotny, niespodziewanie zadzwonili młodzi znajomi z zaproszeniem na kameralną wyprawę na Kilimandżaro. Miałem wtedy okropne kłopoty z kręgosłupem i niedowład nogi, więc mówię im, że są ode mnie o trzydzieści lat młodsi i czy wiedzą, co mi proponują? Powiedzieli: pomyśl o tym. A Kilimandżaro, od czasu, kiedy przeczytałem Hemingwaya, było moim chłopięcym marzeniem, magiczną, mityczną, świętą górą stojącą w kolebce ludzkości. Pomyślałem: pójdę tam. Miałem sześć tygodni, żeby się fizycznie przygotować. Więc się przygotowałem i pojechałem z nimi.

Zaraz cię dopytam o Kilimandżaro, ale najpierw powiedz więcej o tym wizerunkowym kryzysie. Co masz na myśli?

To się wiązało z oskarżeniem, które wyszło z ust mojej wieloletniej dobrej znajomej ze środowiska zen, potem aspirującej psychoterapeutki. Kiedy nasz romans wyszedł na jaw, oświadczyła publicznie, że była moją pacjentką. To nie było zgodne z faktami ani też z jej wewnętrzną prawdą, więc uznałem, że poświęciła mnie, by ratować swoje małżeństwo.

Było to dla mnie oczywiście strasznie trudne, ale nie chciałem w imię obrony własnej ujawniać niczego, co mogłoby obciążać drogą mi oskarżycielkę i ewentualnie podważać wiarygodność jej oskarżeń. Pozostało mi więc tylko zapewnianie wszystkich dookoła, że nigdy nie pomagałem jej w formacie indywidualnej terapii, a jedynie jako uczestniczce okazjonalnych grupowych warsztatów terapeutycznych oraz superwizji. Ale ponieważ bardzo trudno jest udowodnić, że nie jest się wielbłądem, dość szybko zaprzestałem wszelkiej obrony, zamilkłem i przyjąłem pokornie wyrok sądu koleżeńskiego PTP, który zawiesił na rok moje prawa członkowskie. Była to kara w istocie symboliczna, bo nie wiązała się z żadnym ograniczeniem prawa do wykonywania mojego zawodu. Niemniej wszystko to razem zaszkodziło mojej reputacji zawodowej. Tym bardziej że sprawę nagłośniły tabloidy, a nawet niektóre poważne media.

Jak patrzysz na to z dzisiejszej perspektywy?

Jestem zadowolony ze swojej postawy w trakcie kryzysu. Z tego, że nie zdecydowałem się na obronę przez atak i dewaluowanie relacji w istotny sposób dla mnie ważnej, że nie dałem dodatkowej strawy spragnionym sensacji tabloidom. Słowem – że zrobiłem wszystko, co mogłem, żeby tej trudnej sytuacji nie uczynić jeszcze trudniejszą.

Wiele lat później, kiedy ktoś mnie zapytał, jak rozumiem to, co się wtedy stało, powiedziałem, że oczywiście moim błędem było zaangażowanie się w związek z osobą, która nie potrafiła tej relacji – z pewnością ważnej dla obu stron – obronić ani wziąć dorosłej odpowiedzialności za swój udział w niej. Ale że z drugiej strony potrafiłem wczuć się w jej rozpaczliwą potrzebę ochrony swojej reputacji i życiowego status quo.

To w ogóle był okropnie trudny czas, bo ten kryzys nałożył się na drugi, związany ze sprawą Andrzeja Samsona. Ponieważ media z góry i zaocznie skazały go na zawodową i publiczną śmierć, chciałem, żeby dano mu – jak każdemu człowiekowi – prawo do domniemania niewinności i obrony. Broniłem go przed publicznym linczem, który mu fundowano, zanim jeszcze cokolwiek zostało udowodnione. Tym bardziej było to dla mnie ważne, że z Andrzejem napisaliśmy razem trzy książki o wychowaniu, za które do dziś ludzie dziękują przy różnych publicznych okazjach. W efekcie część mediów zlinczowała również tych, którzy apelowali o wstrzemięźliwość w ferowaniu przedwczesnych wyroków.

I wejście na Kilimandżaro pozwoliło ci się od tego wszystkiego zdystansować?

Tak, to był niesamowity przełom w moim życiu. Niespodziewany. Wejście na tę górę wymagało ode mnie ogromnego wysiłku, którego się nie spodziewałem. Tym bardziej że nie daliśmy sobie czasu na aklimatyzację. Weszliśmy tam bodajże w trzy dni...

To dość lekkomyślne, przyznasz. Rozmawiamy kilka tygodni po tym, jak pan Aleksander Doba umarł tam w podobnych okolicznościach...
Poznałem Aleksandra kilka lat temu. Podziwiałem go szczerze. Intuicyjnie rozumiem i solidaryzuję się z jego postawą wobec życia, którą w tak wyrazistej postaci reprezentował. Mam na myśli podejmowanie skrajnego ryzyka, wyłamywanie się ze strefy komfortu i badanie granic swojej psychofizycznej wytrzymałości. Kilimandżaro to piękne miejsce na umieranie, skoro przecież i tak mamy umrzeć. Kto jak kto, ale Aleksander z pewnością zasłużył na taką piękną śmierć. Wracając do mnie, to ostatkiem sił prawie nieświadomy tego jak i kiedy, znalazłem się na szczycie. Cały czas przez te trzy dni i ostatnią noc pchania się pod tę górę całym sobą robiłem tylko jeden krok, niemalże nie odrywając oczu od drogi. Droga była moim celem, a nie szczyt. Więc w istocie była to długa, nieustanna medytacja, która wypróżniła mój umysł chyba ze wszystkich myśli i wyobrażeń o sobie. I wiesz, kiedy zdałem sobie sprawę, że jestem sześć kilometrów ponad swoim ziemskim życiem wraz z jego uwikłaniami i melodramatycznymi meandrami, to nabrałem do wszystkiego właściwego dystansu. Płakałem radośnie wzruszony, w poczuciu wdzięczności i wolności. Święta afrykańska góra mnie uleczyła i otworzyła nowy rozdział życia.

Wiem, było ryzyko, ale mój organizm świetnie to zniósł, choć powyżej pięciu tysięcy miałem już duży deficyt tlenu i ostatnie osiemset metrów przewyższenia, z poczuciem, że ocieram się o śmierć, podchodziłem przez osiem godzin. Myślę, że dałem radę po pierwsze dzięki temu, że w młodości intensywnie zajmowałem się sportem, a po drugie dzięki praktyce zen, która sprawiła, że zapomniałem, ile mam lat i co jest możliwe, co zaś niemożliwe.

A jest coś, czego żałujesz?

W miarę upływu czasu nauczyłem się nie żałować przeszłości. Szybko zrozumiałem, że popełnione błędy, zamieszanie, a nawet cierpienie nimi spowodowane, zdarzały mi się, bo miały się zdarzyć, że dzięki nim dowiadywałem się czegoś ważnego o sobie, o ludziach i o życiu. W tych uczynkach ujawniał się mój cień, nieświadomość, a ja starałem się przykładać do tego, żeby zrozumieć pochodzenie tego cienia. W miarę możności poznawałem to, co we mnie ukryte, i w jakimś stopniu rozbrajałem groźny potencjał bomb zegarowych, uruchomionych w czasach mojego dzieciństwa czy dorastania. Niektórych nie rozbroiłem na czas i niestety wybuchały z hukiem. Oczywiście żałuję, że inni ludzie cierpieli z tego powodu – starałem się po sobie przynajmniej posprzątać. Ale własnego cierpienia i bólu nie żałuję.

Nie rozżalasz się nad sobą.

Nigdy. Nie załamuję się. Oczywiście w trakcie kryzysu cierpię, ale wiem, że to cierpienie jest po coś, z pewnością wynika z moich błędnych nastawień, założeń, przekonań lub traum, i że muszę te przyczyny poznać. Kryzys jest okazją do rozwoju, choć gdy trwa, tak się tego nie odczuwa.

Poza tym biorę pod uwagę także tak zwaną buddyjską perspektywę karmiczną. Czuję, że czasami cierpię nie tylko z powodu tego, co mi się w tym życiu wydarzyło, ale że to jest wynik błędów popełnionych na wcześniejszych etapach procesu samopoznania, który trwa w czasoprzestrzeni przekraczającej rozmiary mojego obecnego istnienia.

Mam w związku z tym swój rytuał polegający na codziennym recytowaniu buddyjskiego tekstu zwanego „gatą skruchy": wszystkie złe czyny popełnione przeze mnie od niepamiętnych czasów, skutkiem chciwości, gniewu i niewiedzy, zrodzone z ciała, mowy i umysłu – teraz wyznaję ze skruchą. Mówię to z głębi serca. Wiem, o czym i dlaczego to mówię. Potrzebuję o tym pamiętać i brać za to odpowiedzialność. Intuicyjnie ogarniam wtedy bezmiar moich kompletnie zaślepionych istnień, głupich, a także tych przerażająco okrutnych uczynków i bezmiar cierpienia, który powodowałem. Ale zarazem podłączam się wówczas do jakiejś zbiorowej, gatunkowej podświadomości, ogarniętej ignorancją i ciemnością. Więc nie mogę przyjąć uczciwie perspektywy, że w tym życiu cierpię niewinnie, nie mogę użalać się nad sobą.

Zwłaszcza mieszkając w Polsce, czuje się bezmiar tego cierpienia. Skrwawiona ziemia, co tu dużo gadać.
No właśnie. I to też czuję w kościach, niemal bez przerwy, na każdym kroku.

Wróćmy do przemijania, dobrze? Robisz bilans?
Pamiętam o *memento mori*. Dzięki temu bardziej cenię życie, cieszę się nim, szanuję każdą chwilę. Wiem, że śmierć jest immanentną cechą, a nawet samą naturą życia, innymi słowy – że pojmowanie śmierci jako końca życia jest złudzeniem. Stąd buddyjskie powiedzenie: *życie powstaje z życia i do życia powraca*. Mam za sobą doświadczenie śmierci klinicznej. Pięć minut bez tętna i oddechu na fotelu dentystycznym. Zapaść po przedawkowaniu znieczulenia.

I wiesz, to by było cudownie uwalniające, tak odlecieć w jasną przestrzeń, gdyby nie to, że toczyłem beznadziejną walkę, by nie poddać się wszechogarniającej bezwładności i bezciążeniu.

Czy mówisz mi teraz, że nie boisz się śmierci?
Samej śmierci się nie boję. Boję się umierania w zbędnym cierpieniu, degrengolady ciała i umysłu. Nie chciałbym też

nikomu sprawiać kłopotu, nie chciałbym być ciężarem ani bezwolnym obiektem pseudotroski mającej na celu utrzymanie mnie najdłużej jak się da w postaci rozpadającego się ciała. Słowem – nie widzę siebie w roli latami umierającego dziadka.

Nie do końca mamy na to wpływ.
Wiem. Ale mam przeczucie, że umrę w akcji. Jakiś astrolog mi kiedyś powiedział, że umrę w butach.

Naprawdę nie robisz bilansu?
Ten bilans jest bardzo prosty. Jak już powiedziałem, gdy oglądam się za siebie, z perspektywy tej ostatniej fazy życia, to widzę, że wszystko, co się wcześniej przydarzyło, miało sens, było okazją do zrozumienia czegoś więcej. Oczywiście nie wtedy, kiedy się działo, tylko potem.

Wiele zrozumiałem, kiedy pisałem swoją autobiografię: przy tej okazji zobaczyłem, jak różne sprawy i wątki mego życia się zapętlały, powtarzały, że wchodziłem w podobne schematy. Polecam ci pisanie autobiografii. Bardzo cenne doświadczenie rozwojowe dla autora. Z czytelnikami bywa różnie.

I co cię najbardziej zaskoczyło przy tym pisaniu?
Osią mojego życia byli rodzice. Jesteś psychoterapeutką, to dla ciebie pewnie też oczywiste. Na mojej historii zaważył kompletny brak ojca i bardzo szczególna relacja z matką. Choć to było przedmiotem mojej terapii, z oddalenia zrozumiałem różne rzeczy jeszcze głębiej. Ale nie chcę tu wchodzić w szczegóły.

Wiedziałeś, że psychoterapeuci żyją najdłużej?
Nie wiedziałem, to ciekawe! Jest jakaś wyjaśniająca hipoteza?

Szukam jej. A ty co byś przypuszczał?

Pewnie bardziej świadome zarządzanie życiem ma znaczenie. Poza tym mamy jednak zobowiązania wobec naszych klientów, musimy się starać być w dobrej formie, żeby móc pomagać. Wiadomo – najpierw maseczka tlenowa sobie, potem dziecku czy klientowi. Być może ożywia też sama relacja terapeutyczna, robienie czegoś dla innych, współodczuwanie, troska, chęć pomocy. Przy okazji wydziela się przecież zbawienna oksytocyna.

Bo jak jest dużo oksytocyny, to jest mniej adrenaliny, mniej kortyzolu.
No właśnie! Może to jest odpowiedź?

Dlaczego właściwie zostałeś psychoterapeutą?
Samo się tak ułożyło. Mój brat, na skutek traumy wojennej, w dzieciństwie zachorował psychicznie. To było dla mnie zadziwiające doświadczenie – bycie z nim w kontakcie, kiedy miał fazę ostrej dziecięcej psychozy. Wyobraź sobie, jak dziecko – ze swoim świeżym umysłem – odbiera taką nagłą przemianę, całkowitą transformację bliskiej osoby. Ciało się nie zmieniało, ale cała reszta tak. To doświadczenie głęboko we mnie zapadło i miało swoje konsekwencje. Choć pięć lat młodszy, zostałem przez okoliczności zmuszony do podjęcia wobec brata roli współczującego opiekuna. W trakcie rozmaitych konfliktów musiałem mu ustępować, kierować się zrozumieniem i współczuciem, mimo czasami aktywnej przemocy z jego strony. To był ciekawy trening.

Rozumienia?
Rozumienia, empatii, a także samokontroli.

Nie bałeś się?
Raczej buntowałem, szczególnie przeciwko sytuacji, która ustawiała mnie często w pozycji ofiary. Na szczęście zawsze miałem silną pozycję wśród rówieśników. Byłem trochę większy,

silniejszy, może dzięki temu spokojniejszy, a co za tym idzie – bardziej refleksyjny.

Traktowano mnie więc jak źródło oparcia. Byłem w tym dobry.

Wszystko razem przywiodło cię do tego zawodu?

Chyba tak.

Kiedy w klasie maturalnej decydowałem się na studia, rozważałem różne możliwości. Pisałem ciekawe wypracowania, byłem w opisie i interpretowaniu różnych zjawisk krnąbrny i zbuntowany, więc nauczyciel polskiego namawiał mnie na polonistykę. Nauczyciel WF-u mówił z kolei, żebym koniecznie szedł na AWF. Pani od biologii chciała, żebym studiował biologię lub medycynę. Otworzyłem więc poradnik maturzysty na rozdziale o psychologii, o której wtedy nic nie wiedziałem, patrzę, a tam jest wszystko razem: biologia i kultura, i jeszcze fizjologia, ciało. Po prostu szeroka wiedza o człowieku. No i byłem dobry w sprawach interpersonalnych.

Od kiedy cię znam, byłeś postrzegany jako silny, a co ze słabością?

Opowiem ci fragment mojej historii. Kiedy mój ojciec zginął, byłem jeszcze w brzuchu mojej matki. To było pod Lwowem, w 1944 roku. Wyszedł z domu po mleko dla ciężarnej żony i wpadł w zasadzkę. Zastrzelili go ukraińscy nacjonaliści. Nie wiadomo dlaczego.

W okresie tego kryzysu, o którym ci wspominałem, zdecydowałem się na terapię, która, jak się okazało, pozwoliła mi dotrzeć do przeczuć z okresu prenatalnego. Odkryłem wtedy coś, co się chyba zapisało we mnie na poziomie komórkowym albo genetycznym. Takie poczucie, że matka będąc ze mną w szóstym miesiącu ciąży, straciła zdolność podtrzymywania mojego życia. Zapadła się.

Nagła śmierć ukochanego męża musiała być dla niej ogromną traumą, powodującą głęboką depresję. Przypomniałem sobie, że podjąłem wówczas jakiś trudny do określenia wysiłek, by podtrzymać w matce determinację donoszenia tej ciąży do końca. To doświadczenie z pewnością w szczególny sposób zdefiniowało naszą relację. Od początku życia wiedziałem, że nie powinienem matce sprawiać niepotrzebnych kłopotów. Nauczyłem się więc radzić sobie ze wszystkim sam, być dzielnym synkiem i jak najmniej od niej potrzebować.

W konsekwencji matka dowiadywała się o moich różnych trudnych sytuacjach dopiero po fakcie. Naczelnym wyzwaniem było stanie się jak najprędzej samodzielnym mężczyzną. Ale z braku ojca nie miałem żadnego wzorca pod ręką. Był tylko mit wspaniałego ojca-supermana, wrażliwego, oczytanego, wysportowanego i duszy każdego towarzystwa. Z tego wyidealizowanego wzorca na początku brałem głównie dzielność. Okoliczności dawały dobrą okazję do treningu dzielności. Matka czasem dostawała napadów szału, na szczęście krótkotrwałych, kiedy to w ruch szedł kabel od żelazka. To był rodzaj polowania, bardzo emocjonującego. Starałem się za wszelką cenę uciec i nie dać się trafić, ale na ogół mi się nie udawało. Bardzo szybko postanowiłem więc przynajmniej nie płakać. To postanowienie odblokowało się dopiero, gdy byłem już początkującym terapeutą. Na jakimś warsztacie nagle odkryłem w sobie morze niewypłakanych łez związanych z poczuciem braku oparcia w ojcu, ogromnej za nim tęsknoty, z domieszką żalu i pretensji, że dał się niepotrzebnie zabić.

Dzisiaj płaczesz bez problemu?
Nie wstydzę się łez. Ale rzadko płaczę. Najczęściej z powodu jakiegoś pozytywnego wzruszenia lub zachwytu.

A jak sobie radzisz z odchodzeniem bliskich?
Chyba aż za dobrze. Może dlatego, że się urodziłem jako pogrobowiec? Skoro straciłem najważniejszego po matce człowieka, zanim się urodziłem, to kolejne straty były dla mnie

jakoś oczywiste, po prostu wiedziałem, że muszą się wydarzać. Byłem przygotowany.

Trochę nie wierzę, że to cię nie boli.

Oczywiście, że bolało, ale nie w taki potwornie dramatyczny sposób, jak to obserwowałem u innych ludzi. Z pewnym zdziwieniem, o co chodzi, że aż tak? Przecież to normalne, to tylko śmierć.

Profesor Maria Orwid, ocalona z Zagłady, opowiadała w rozmowie z Katarzyną Zimmerer, że kiedy już była dorosłą kobietą I zapraszano Ją na pogrzeby, to dziwiła się, że takie duże zamieszanie jest wokół tego, że zmarła jedna osoba.

Urodziłem się w 1944 roku, w Warszawie. Powstanie nas złapało pod Warszawą, koło Piaseczna. Atmosfera śmierci była wszędzie. Ja tego nie pamiętam, ale musiałem tym nasiąknąć. Wioska, w której mieszkaliśmy w charakterze letników, została wymordowana przez Niemców, cudem stamtąd uciekliśmy. Potem, już po wyzwoleniu, jako małe dziecko bawiłem się na ruinach Warszawy i co chwila odkrywaliśmy jakieś czaszki albo kości ludzkie. Przecież to był jeden wielki grób. Pachniało świeżym cmentarzyskiem. Dziwny, jedyny w swoim rodzaju zapach, przetrawiony i niepokojący, ale jednak nie obrzydliwy.

Mówisz, że wtedy się oswoiłeś z istnieniem śmierci?

Bardzo. Sporo czasu spędziłem po wojnie w domu dziecka, matka była zajęta bratem i budowaniem życia od podstaw. Dyrektorką tej instytucji była moja ciotka, co mnie stawiało w trudnej sytuacji wobec rówieśników. Musiałem być podwójnie zrewoltowanym żołnierzem dziecięcej mafii, by nie zostać posądzonym o kablowanie. Pamiętam dobrze twarze tych straumatyzowanych dzieci… ich kamienny wyraz oczu, które widziały rzeczy przerażające, nie do wypowiedzenia. Trauma była powszechna. I przemoc między tymi dziećmi też. Na porządku dziennym było bawienie się ludzkimi szczątkami, znajdowanymi tu i tam. Na przykład mecze piłki nożnej rozgrywane ludzką czaszką. Pewnie dlatego mnie te wycyzelowane ceremonie pogrzebowe jakoś dziwią. Myślę, że to wczesne obcowanie ze śmiercią nauczyło mnie czerpać z życia, póki czas.

Udaje się?
Do tej pory tak. Tylko nie robię tego już w taki szalony sposób, jak niegdyś.

Moje dojrzewanie trwało dość długo, bo na trwały związek i założenie rodziny zdecydowałem się dopiero koło czterdziestki. Ale nie narzekam. Tu kończę długą odpowiedź na twoje pytanie, dlaczego zostałem psychoterapeutą.

Lubisz tę pracę?
Pracuję przeszło pięćdziesiąt lat i ciągle jestem ciekawy ludzi. Nie spotkałem dwóch takich samych osób. To jest fascynująca robota, ale trzeba bardzo dbać o higienę ducha, o świeżość.

Pomaga, że wcześnie stało się dla mnie oczywiste, iż cierpienie jest stanem umysłu. Straumatyzowanego umysłu, który nosi w sobie w szczególny sposób naświetloną kliszę i przez nią ogląda zniekształcony świat. Czasami ktoś patrzy tak do końca życia i jeszcze oddaje innym to, co mu zrobiono. Wtedy cierpienie staje się osią i treścią życia, właściwie jedynym na nie sposobem.

Na samym początku studiów któryś z asystentów zapytał nas, dlaczego wybraliśmy psychologię. Odpowiedziałem, nie zdając sobie sprawy z tego, co mówię: bo chcę się dowiedzieć prawdy o człowieku.

I dowiedziałeś się?
Ale nie dzięki psychoterapii, tylko dzięki zen. Dowiedziałem się mianowicie, że wszystko, co o sobie myślimy, jest nieprawdą.

Myślisz czasem, co po tobie zostanie?
Mam takie myśli, ale wstydzę się ich narcystycznego podłoża.

A co byś chciał, żeby zostało?
Może jakieś świadectwo dobra? Taki rozbłysk wiedzy czy ciepła u kogoś, kto doświadczył mojej pomocy? Słowem – żeby pozostały po mnie jakieś dobre ludzkie doświadczenia.

Choć właściwie to już się stało, bo na różnych wykładach czy spotkaniach autorskich wciąż spotykam ludzi, którzy mi dziękują za moje dawne książki, twierdząc, że zmieniły ich życie.

Za które dziękują?
Najczęściej za *Kobietę bez winy i wstydu* i za *Zdradzonego przez ojca*.

A skąd wiedziałeś, jak być ojcem? Jak nie zdradzić synów?
To było bardzo trudne i nie do końca się udało. Jak już mówiłem, dorastałem w konfrontacji z opowieścią o moim idealnym, mitycznym ojcu, którego w ogóle nie znałem. Wprawdzie wokół było wielu ojców moich kolegów, ale oni w porównaniu z tą opowieścią wypadali mało atrakcyjnie. Na szczęście żywymi bohaterami i wzorcami mogli się stać ówcześni wielcy polscy sportowcy, a także ich trenerzy. Polska w latach pięćdziesiątych poprzedniego stulecia była światową potęgą sportową w męskiej lekkiej atletyce, w boksie, w szermierce, w podnoszeniu ciężarów. Matka pracowała w Komitecie Kultury Fizycznej, co dawało mi możliwość spędzania wakacji w ośrodkach przygotowań olimpijskich w Cetniewie i w Zakopanem, w których odbywały się zgrupowania kadry narodowej. Obserwowałem, jak słynny Feliks Stamm prowadził treningi ówczesnych fantastycznych bokserów, jak węgierski trener Kevey trenował fenomenalną kadrę szermierzy i jak trener Morończyk pracował

z lekkoatletami. Chłonąłem całym sobą atmosferę ciężkiej, męskiej harówy dającej efekt olśniewającego mistrzostwa. Nasiąkałem tym.

Kiedy w latach osiemdziesiątych urodzili się moi synowie, to stałem się dla nich wzorcem ciężko pracującego ojca dostarczyciela. Mieli więc powód, by poczuć, że zdradziłem ich z pracą i jednocześnie z zen, którym wówczas zajmowałem się z pionierskim zapałem. Czas przemian ustrojowych sprzyjał niestety takim ojcowskim zdradom, bo wymuszał konieczność walki o przyszły byt rodzin w zupełnie nowej, trudnej i nieznanej sytuacji ekonomicznej.

Wolny czas chętnie poświęcałem synom, a gdy nie wiedziałem, jak się zachować, zadawałem sobie pytanie: jakiego zachowania ojca ja bym potrzebował, gdybym był na ich miejscu. Raz działało, raz nie, ale jakoś mnie przeprowadziło przez ten trudny okres w poczuciu – jak mi się zdawało – dobrze spełnionego obowiązku. Dopiero kilka lat później zostałem w tej sprawie boleśnie urealniony, bo gdy chłopcy dorośli, dostałem od nich mocno w kość.

Pokazali swoją siłę?

Tak, ale przede wszystkim to, jak im było trudno z powodu mojej niedostatecznej obecności w trudnym, formacyjnym okresie ich dorastania.

Myślę, że trudno jest być synem Wojciecha Eichelbergera. Jak dokonać „ojcobójstwa" na kimś, kto jest silny, sławny i wydaje się niepokonany?

Wizerunkowy kryzys, o którym wcześniej wspominałem, a potem trudne rozstanie z ich matką bardzo im w tej sprawie pomogły. To było niezamierzone „ojcowskie samobójstwo", które mnie zrzuciło z piedestału, a w ich oczach urealniło. Myślę, że to ich wsparło w wydostawaniu się z cienia rzucanego przez ojca.

Jesteś dziadkiem?

Tak, mam wnuka, ma na imię Ari i ma jedenaście lat. Ale nie jestem specjalnie zadowolony z siebie w roli dziadka, chyba nie spełniam jakiegoś standardu. Może dlatego, że nie było mi dane poznać moich dziadków? Ma znaczenie też, że w miarę upływu czasu jestem coraz bardziej aktywny i coraz bardziej zajęty. To nie jest narzekanie, bo jestem zajęty w sprawach, które lubię i które uważam za pożyteczne. Ale w efekcie mam mało czasu na bycie dziadkiem. Poza tym ostatnie kilkanaście lat żyję w patchworkowej rodzinie, w której pełniłem rolę przyszywanego ojca wobec dzieci mojej drugiej żony. Trudno było być zarazem ojcem zbuntowanych własnych dzieci, przyszywanym ojcem dzieci nowej żony i jeszcze dziadkiem na dodatek.

A co według ciebie jest warte w życiu starania?

Dowiedzieć się, kim naprawdę jesteśmy.

I kim ty jesteś, Wojtku?

Nie wiem. Bo kto miałby to wiedzieć?

MOJA WYPRAWA
PO ZŁOTO

Vamik Volkan

(ur. w 1932 r. na Cyprze, w rodzinie tureckiej)

Emerytowany psychiatra Uniwersytetu Wirginii oraz psychoanalityk
szkoleniowy i superwizor Instytutu Psychoanalizy w Waszyngtonie.
Od czterdziestu lat zajmuje się otwieraniem możliwości dialogu pomiędzy
skonfliktowanymi grupami w najbardziej zapalnych regionach świata.
W 1987 r. założył i przez kolejne szesnaście lat prowadził The Center
for the Study of Mind and Human Interaction na Uniwersytecie
Wirginia. Był to pierwszy w świecie interdyscyplinarny zespół zajmujący
się rozwiązywaniem międzynarodowych konfliktów. Pracował
w Izraelu, Egipcie, Związku Radzieckim, Rosji, republikach bałtyckich,
Chorwacji, Albanii, Rumunii, Kuwejcie, Gruzji, Osetii Południowej, Turcji.
Przedstawicieli skonfliktowanych grup zaprasza do dialogu i wspólnie
z nimi szuka psychologicznych źródeł polaryzacji, nie tylko w bieżącej
sytuacji danej społeczności, ale także w jej historii. Opublikował
kilkadziesiąt książek i kilkaset artykułów. Czterokrotnie nominowany
do Pokojowej Nagrody Nobla (2005-2008).

Kiedy miałem niecałe dwa lata,
zostałem porwany przez grecką Cypryjkę.

◆◆◆

Chciałem zrozumieć, co oznacza
być „dzieckiem zastępczym". Byłem ciekaw,
jak traumatyczne wydarzenia historyczne wpływają
na organizację osobowości.

◆◆◆

Czasami trauma popycha nas do zaangażowania
w pozytywne działania na rzecz ludzi. Ja czuję jakąś
szczególną więź z sytuacjami konfliktowymi.

O starości możemy porozmawiać?

Nigdy nie czułem się stary, aż do ubiegłego roku, kiedy doznałem urazu kolana – od tamtej pory często mnie boli. Wygląda na to, że moje ciało po prostu przypomina mi o tym, że się starzeję. Teraz robi to już właściwie cały czas.

A kiedy zagląda pan do środka, do swojego wnętrza, to ile pan ma tam lat?

Trudno mi powiedzieć… Mój mózg cały czas pracuje na wysokich obrotach. Podróżuję, piszę książki i artykuły, wygłaszam wykłady na całym świecie. Niewiele się zastanawiam nad swoim wiekiem. Chyba że spotykam dzieci. Moja najmłodsza wnuczka ma teraz nieco ponad dwa lata i widząc jej energię, zaczynam czuć się jednak bardzo stary.

O moim wieku przypomina mi jeszcze coś. Pochodzę z Cypru, tam chodziłem do liceum. W 1950 roku rozpocząłem studia medyczne w Turcji, a w 1957 roku wyjechałem do USA. Dwadzieścia sześć lat temu zbudowaliśmy dom na Cyprze i razem z żoną spędzamy tam zwykle letnie miesiące. Lubiłem te wyjazdy również dlatego, że spotykałem się wtedy z moimi dawnymi kolegami z liceum. W ostatnich latach zdałem sobie sprawę z tego, że oni wszyscy powoli znikają. Tylko czterech jeszcze żyje – dwóch ma alzheimera, jednemu wydaje się, że został na stare lata poetą, a czwarty mieszka w Kanadzie. To także przypomina mi, w jakim jestem wieku.

Jest pan bardzo aktywny. Skąd pan czerpie energię?
Tak naprawdę nie wiem. Też się zastanawiałem, co mnie motywuje, żeby wciąż studiować psychologię grup etnicznych, narodowych, religijnych i politycznych. Jako psychoanalityk musiałem pochylić się nad pewnymi wydarzeniami, zwłaszcza z mojego dzieciństwa, które leżą u podstaw mojej motywacji.

I co pan odkrył?
Urodziłem się na Cyprze jako syn Turków. Mój ojciec był synem chłopa ze wsi – spośród ośmiorga rodzeństwa jako jedyny zdobył wykształcenie i został nauczycielem w szkole podstawowej. Moja matka również była nauczycielką. Jej rodzina była znana i majętna, informacje o niej sięgają pięciu pokoleń wstecz. Imię Vamik otrzymałem po dziadku matki, który był *kadı* (sędzia muzułmański) w Nikozji, stolicy Cypru. Za jego życia Cypr należał do terytorium osmańskiego. Mój pradziadek był ostatnim osmańskim *kadı* w Nikozji. W 1878 roku został usunięty ze swojego prestiżowego stanowiska po tym, jak sułtan osmański „użyczył" wyspy Brytyjczykom i jej administratorem został brytyjski gubernator. To wydarzenie wywarło wielki wpływ na dalsze losy mojej rodziny, ponieważ straciła nie tylko sławę, ale i bezpieczeństwo finansowe. Jeden z braci matki otrzymał imię słynnego dziadka, ale zmarł młodo. Gdy urodziłem się w 1932 roku, to mnie nazwali „Vamık" i w ten sposób nieświadomie wydelegowali do wykonania określonego zadania. Byłem „dzieckiem zastępczym".

Jakiego zadania?
Przywrócenia rodzinie mojej matki dobrego imienia i pozycji. Kiedy moja matka wychodziła za mąż za mojego ojca, postawiła mu jeden warunek – „nigdy nie będę prała", powiedziała. Nawiązała w ten sposób do niegdyś uprzywilejowanej pozycji swojej rodziny.

Gdy dorastałem, musiałem być najlepszy w całej klasie. Któregoś roku mi się nie udało, dostałem słabsze stopnie. Pamiętam, że przez całe tamto lato moja mama była przygnębiona. Ten nacisk, żebym był prymusem, zaczął się bardzo wcześnie.

Często mówi pan, że ogromny wpływ na pańskie życie wywarła wojna.

Kiedy się urodziłem, Cypr był już brytyjską kolonią. Mieszkało tam około trzysta pięćdziesiąt tysięcy osób. Dwie grupy etniczne, greccy chrześcijanie i mniej liczni tureccy muzułmanie, żyli obok siebie w tych samych miastach, miasteczkach i niektórych wsiach. Były też wsie albo całkowicie greckie, albo tureckie. Na wyspie przebywali również Ormianie, Maronici, nawet Fenicjanie. W miarę dorastania zrozumiałem, dlaczego „rdzenni" mieszkańcy wyspy tak bardzo podkreślali swoją greckość lub tureckość. To pozwalało im utrzymać poczucie własnej wartości i zachować więź z ojczyzną – odpowiednio Grecją lub Turcją. Zacząłem zdawać sobie coraz lepiej sprawę z wpływu historii na ludzką psychologię. A potem przyszła wojna.

Po ataku lotniczym nazistów w 1941 roku na Kretę wszyscy spodziewali się, że Cypr podzieli jej los. W naszym ogrodzie pod domem, na zlecenie ojca, wykopano bunkier. Wielokrotnie tam uciekaliśmy w dzień i w środku nocy, kiedy budziły nas syreny – wyspę bombardowały niemieckie i włoskie samoloty wojskowe. Czekaliśmy, aż syreny przestaną wyć, aż niebezpieczeństwo minie, i wtedy wracaliśmy do łóżek. Racjonowano jedzenie, jedliśmy ciemny, pozbawiony smaku chleb. Uczyłem się, jak zakładać maskę przeciwgazową. Pewnego dnia byłem świadkiem tego, jak tuż nad moją szkołą podstawową, gdzie bawiłem się z innymi dziećmi, brytyjski myśliwiec zestrzelił włoski samolot wojskowy. Musiałem być przerażony. Latami przechowywałem mały kawałek szkła z wraku tego samolotu. Zachowując go – niejako kontrolując – zapewne usiłowałem zapanować nad moim dziecięcym lękiem przed utratą życia. Niemcy nigdy nie najechali na Cypr, ale nieustający strach przed tym, że mogą to zrobić, uświadomił mi, że można patrzeć na świat jak na coś, co składa się z sojuszników i z wrogów.

Dlatego zaczął pan się interesować psychologią grup?
Tak sądzę. Jest jeszcze trzecia opowieść, która również odegrała istotną rolę w tych zainteresowaniach.

Podczas ostatnich dwóch lat studiów medycznych w Turcji dzieliłem pokój z innym, o dwa lata młodszym, cypryjskim Turkiem. Miał na imię Erol. Był dla mnie jak brat, którego nigdy nie miałem.

Kilka miesięcy po przyjeździe do USA otrzymałem list od mojego ojca. W kopercie znalazłem wycinek z gazety ze zdjęciem Erola. Przeczytałem, że pojechał z Cypru do Turcji, by odwiedzić swoją schorowaną matkę. Kiedy kupował dla niej lekarstwa w aptece, został siedmiokrotnie postrzelony przez cypryjskiego Greka – terrorystę. Członka organizacji walczącej przeciwko Brytyjczykom i postulującej zjednoczenie wyspy z Grecją. Cypryjscy Turcy chcieli wtedy, żeby wyspa została podzielona pomiędzy Greków i Turków. Między tymi dwiema grupami etnicznymi trwał śmiertelny konflikt. Grecki terrorysta chcąc sterroryzować odmienną grupę etniczną i w imię tożsamości grupowej, zamordował mądrego, młodego człowieka, który miał obiecującą przyszłość.

Podczas pierwszego roku mojego pobytu w USA byłem stażystą w chicagowskim szpitalu, w nowym otoczeniu, bez przyjaciół. Nie mogłem opłakać śmierci Erola. On zmarł, ja przeżyłem. Myślę, że poczucie winy tego, który ocalał, również przyczyniło się do mojego zainteresowania psychologią tożsamości grupowych.

Poczucie winy ocalałego motywuje?

Pewnie bywa różnie. Spójrzmy na ocalałych z Holokaustu. Niektórzy stali się bardzo aktywni i zrobili wiele dobrego, innym się nie udało. Czasami trauma popycha nas do zaangażowania w pozytywne działania na rzecz ludzi. Ja czuję jakąś szczególną więź z sytuacjami konfliktowymi.

Dlaczego postanowił pan zostać psychoanalitykiem?

Może dlatego, że chciałem zrozumieć, co oznacza być „dzieckiem zastępczym"? Byłem ciekaw, jak traumatyczne wydarzenia historyczne wpływają na organizację osobowości. Pozwolę sobie przytoczyć czwartą opowieść:

Kiedy miałem niecałe dwa lata, zostałem porwany przez grecką Cypryjkę. Nie pamiętam tamtego zdarzenia, jednak gdy dorastałem, moja matka, dwie starsze siostry i babka nie raz z przerażeniem opowiadały mi tę historię. Matka w towarzystwie sióstr i babci wybierała się ze mną na wycieczkę. Włożyły mnie do wózka i na chwilę zostawiły przy drzwiach wyjściowych, bo musiały się po coś cofnąć do środka. Kiedy wróciły, wózek był pusty. Wpadły w panikę – matka zaczęła krzyczeć, sąsiedzi, zarówno Turcy, jak i Grecy ruszyli na poszukiwania. Pod koniec dnia znaleziono mnie przy budynkach starej elektrowni w naszym mieście. Przypuszczam, że porywaczka miała problemy psychiczne. Uznała, że jestem „uroczy", i porwała mnie, myśląc, że będzie mogła mnie wychowywać. Pamiętam, że gdy słuchałem tej historii, za każdym razem skupiałem się na tym, że ta Greczynka mnie lubiła. Teraz zdaję sobie sprawę, że miałem w sobie dziecięce pragnienie bycia chcianym przez osobę z innej grupy etnicznej. Podsumowując, bycie urodzonym na Cyprze, doświadczenie relacji pomiędzy różnymi grupami etnicznymi, mój dziecięcy lęk przed nazistami i inne opowieści przytoczone powyżej były laboratorium, w którym wyrosło moje zaangażowanie w konflikty grupowe i w pracę nad psychologią grupową.

Proszę powiedzieć więcej o tym poczuciu szczególnej więzi z sytuacjami konfliktowymi.

Kiedy się urodziłem, Albert Einstein miał pięćdziesiąt trzy lata, a Zygmunt Freud siedemdziesiąt sześć. Rok później, w roku 1933, Einstein, który mieszkał wówczas we Francji i był honorowym przewodniczącym żydowskiej organizacji mającej na celu ochronę Żydów przed nazistami, napisał list do Prezesa Rady Ministrów Turcji. Poprosił w nim o to, by władze tureckie pozwoliły czterdziestu profesorom i doktorom z Niemiec kontynuować ich naukową i medyczną pracę. „Wyżej wspomniani nie mogli dalej praktykować w Niemczech w związku z obowiązującymi tam prawami", pisał. Prośba Einsteina została przyjęta. Wiele lat później, gdy na Uniwersytecie w Ankarze studiowałem medycynę, niektórzy niemiecko-żydowscy profesorowie w dalszym ciągu tam wykładali. W ten sposób po raz pierwszy w moim życiu zetknąłem się z Żydami.

Na początku 1957 roku przybyłem do USA uzbrojony w swoje wykształcenie medyczne i piętnaście dolarów. Dostałem pracę w szpitalu. Mój wyjazd do USA był częścią zjawiska znanego jako „drenaż mózgów". W owym czasie brakowało tam lekarzy i sprowadzano ich z innych części świata.

Podczas szkolenia psychiatrycznego prowadziłem terapię młodego mężczyzny żydowskiego pochodzenia, który przetrwał wojnę w Europie. W trakcie sesji bardzo płakał, jednocześnie nie wydając z siebie żadnego dźwięku. Widziałem łzy, ale nic nie słyszałem. To szczególne uczucie obserwować, gdy ktoś szlocha w ciszy. Z czasem dowiedziałem się, że jego rodzina w czasie Zagłady ukrywała się na strychu, a on musiał spać w komodzie. Któregoś dnia nazistowscy żołnierze zaczęli przetrząsać dom w poszukiwaniu Żydów. Chłopiec zaczął płakać, a ojciec, przerażony, że ktoś go usłyszy, zakrył mu usta. Mój pacjent nie pamiętał tamtego zdarzenia, ale gdy dorastał, jego rodzina często do tego nawiązywała. Wyczułem, że ojciec musiał mieć ogromne poczucie winy i wstydu z powodu tego, że uciszył swoje dziecko, by ratować siebie i swoją żonę. Praca z tamtym młodym mężczyzną związała mnie emocjonalnie z historią Holokaustu.

W tym czasie na Cyprze nasiliły się konflikty etniczne. Od 1963 aż do 1974 roku cypryjscy Turcy byli zmuszeni przez cypryjskich Greków do zamieszkania w wytyczonych enklawach zajmujących tylko trzy procent powierzchni wyspy. Podczas gdy ja byłem bezpieczny, moja rodzina i przyjaciele na Cyprze byli uwięzieni. Ich sytuacja przypominała mi los Żydów w obozach koncentracyjnych.

Wstydziłem się tak mówić, bo Holokaust był niewyobrażalną tragedią i nie wypadało go porównywać z losem niewielkiej grupy Turków, oni przecież posiadali ojczyznę, na której pomoc mogli liczyć. W 1974 roku na wyspę wkroczyła armia turecka i od tamtej pory Cypr pozostaje podzielony na dwie strefy, północna należy do Turcji, południowa do Grecji. Jak widać, sytuacje polityczne i wojny nieustająco na mnie wpływały.

Po ukończeniu szkolenia psychiatrycznego otrzymałem pracę w Cherry Hospital w Goldsboro, w Północnej Karolinie. W owym czasie pacjentami szpitala byli tam wyłącznie Afroamerykanie. Lekarzami z kolei byli sami biali, ale żaden z nas nie urodził się w USA.

Jak się pan tam odnajdywał?
Jako młody człowiek jechałem do Ameryki po „złoto". Nie chodziło mi o bogactwo materialne, ale o pragnienie rozwijania umysłu i działania na rzecz uniwersalnych wartości. Kiedy zacząłem pracę w Cherry Hospital, okazało się, że jestem w miejscu, w którym szarga się ludzką godność. Mogłem przyjrzeć się z bliska rasizmowi i wpływowi, jaki wywiera na ludzi.

Na początku przydzielono mnie do pracy w budynku zbudowanym na farmie nieopodal terenu szpitala. Rosły tam drzewa owocowe i warzywa, hodowano świnie, kurczaki, indyki i krowy. Farma zaopatrywała szpital w mleko, jajka, mięso. Mieszkało tam około pięćdziesięciu młodych mężczyzn – naszych pacjentów. Pracowali przy zwierzętach, w ogrodach i zajmowali się drzewami owocowymi. Gdy pierwszy raz tam przyszedłem, zwróciłem uwagę, że wszyscy sprawiali wrażenie bardzo zdrowych fizycznie. Pomyślałem, że ta praca jest dla nich czymś w rodzaju terapii zajęciowej. Byłem zdumiony, gdy dostrzegłem tam białego Amerykanina, strażnika odpowiedzialnego za „Farm House", który sprawował nadzór nad pacjentami. Nosił kowbojki, a w ręku trzymał bat. Wyglądał jak poskramiacz lwów. Gdy przedstawiłem mu się jako nowy lekarz, nie zwrócił na mnie większej uwagi. Byłem nic nieznaczącym gościem na „jego" plantacji.

Zacząłem spotykać się z każdym z pacjentów na indywidualnych sesjach. Strażnikowi to nie przeszkadzało, o ile nie odciągałem jego pracowników od pracy na zbyt długo. Zauważyłem, że niemal wszyscy pacjenci cierpią na to samo urojenie. Każdy uważał, że jest „Buckiem". Nie miałem pojęcia, co to znaczy, ale wkrótce odkryłem, że kiedyś określano w ten sposób młodych niewolników, których zadaniem było zapładnianie niewolnic. Zdałem sobie sprawę, że to urojenie było zbiorowym mechanizmem adaptacyjnym. Ci pacjenci naprawdę czuli się tak, jakby żyli w czasach niewolnictwa i pracowali na plantacji pod butem i batem białego nadzorcy. Usiłowali przykryć swoją bezradność i upokorzenie, „wierząc", że zostali wybrani ze względu na swoją wartość seksualną – dla celów reprodukcyjnych. Obserwowałem coś w rodzaju „odegrania" historii amerykańskiej z czasów niewolnictwa.

W 1963 roku zmieniłem pracę i przyjechałem do Charlottesville w Wirginii, gdzie objąłem stanowisko wykładowcy na Wydziale Psychiatrii tamtejszego uniwersytetu. W tym mieście miał swoją siedzibę „The Farmington Club". Ani Żydzi, ani czarni, ani Turcy nie mieli tam prawa wstępu. Wciąż stykałem się z rasizmem, choć mnie samego on nie dotknął. Szybko zostałem dyrektorem medycznym jednego ze szpitali uniwersyteckich, gdzie pracowałem aż do emerytury.

Jak się pan zorientował, że chce robić coś więcej niż tylko pracować z pacjentem?

19 listopada 1977 roku do Izraela przyjechał prezydent Egiptu, Anwar as-Sadat i podczas wizyty w Knesecie użył słynnego pojęcia „muru psychologicznego" między Izraelczykami i Arabami – muru, który, jak stwierdził, był przyczyną siedemdziesięciu procent problemów między nimi. W odpowiedzi na to Komitet Psychiatrii i Spraw Zagranicznych Amerykańskiego Towarzystwa Psychiatrycznego zorganizował nieoficjalne spotkanie wpływowych Arabów i Izraelczyków, którzy potem przez sześć lat prowadzili ze sobą rozmowy mające na celu zburzenie tego „muru". Byłem członkiem tego towarzystwa i brałem udział w tych rozmowach, a po tym doświadczeniu otworzyłem Center for the Study of Mind and Human Interaction w Szkole Medycznej Uniwersytetu w Wirginii. Zaprosiłem do współpracy psychoanalityków i innych specjalistów od zdrowia psychicznego, byłych dyplomatów, politologów, historyków, ekologa i językoznawcę.

I czym się zajmowaliście?

Po tym, jak Gorbaczow zainicjował „głasnost" i „pierestrojkę", Międzynarodowe Towarzystwo Psychologii Politycznej (ISPP) w USA zaprosiło psychologów radzieckich na coroczny zjazd towarzystwa w New Jersey. Był rok 1987. To spotkanie doprowadziło do umowy między moim ośrodkiem a Instytutem Psychologii ZSRR – zobowiązaliśmy się wtedy do poszukiwania sposobów na poprawę stosunków amerykańsko-sowieckich. W 1993 roku zaprosiłem Gorbaczowa do Charlottesville. Przyjechał, żeby wziąć udział w świętowaniu dwieście pięćdziesiątej rocznicy urodzin założyciela Uniwersytetu w Wirginii, trzeciego prezydenta Stanów Zjednoczonych, Thomasa Jeffersona.

Później wraz z zespołem z mojego centrum odwiedziłem wiele skonfliktowanych regionów świata, przez wiele lat organizowałem tam nieoficjalnie rozmowy między przedstawicielami dużych grup.

Jak się pan czuł ze swoją drugą profesją?

Na początku nie umiałem jej nazwać. Teraz nazwano ją „psychologią polityczną". Wiele uniwersytetów ma dziś takie wydziały, ale na żadnym nie wykłada się tego, co robiliśmy. Żałuję, że tak niewiele uwagi poświęca się dziś rozumieniu stosunków międzynarodowych z perspektywy psychoanalitycznej. Dociekanie związków pomiędzy tym, co świadome i nieświadome, pomiędzy tym, co przeszłe i teraźniejsze, pomiędzy historią a psychologią dużych grup, jest naprawdę ważne. Warto stawiać hipotezy, które biorą pod uwagę czynniki nieświadome. To poszerza rozumienie wydarzeń, które mają dziś miejsce w sferze społecznej, politycznej czy religijnej, pozwala lepiej rozumieć relacje między przywódcą a jego zwolennikami, pozwala w pogłębiony sposób przyglądać się konfliktom międzygrupowym.

Jak pan rozumie obecny wzrost nacjonalizmu w tylu krajach?

Mam pewną hipotezę. Ma pani iPhone'a?

Mam.

Wystarczy, że wciśnie pani przycisk i natychmiast może pani porozmawiać z kimś, kto jest w Chinach. Technologia wytwarza pomieszanie wokół tożsamości grupowych. Niezwykłe postępy w technologiach przetwarzania obrazów i informacji sprawiły, że ludzie o różnych tożsamościach grupowych znacznie silniej oddziałują na siebie dziś niż kiedyś. Te zmiany zachodzą w niespotykanym dotąd tempie i skali. To bardzo podnosi poziom lęku.

Pacjenci w gabinetach psychoterapeutów coraz częściej wspominają o poczuciu zagubienia.
Słyszała pani na pewno, że genealogia genetyczna zdobywa ogromną popularność. Dzięki tym testom okazało się, że cypryjscy Turcy i cypryjscy Grecy mają bardzo podobne DNA. I choć Turków uczono, że ich przodkowie przybyli na Cypr z Centralnej Azji, to wyniki wielu z nich wskazywały na coś przeciwnego. Takie niespójności to duża konfuzja, uderzenie w tożsamość.

Lęk nasila również aktualny kryzys migracyjny. Według raportu UNHCR liczba ludności zmuszonej do przesiedlenia wzrosła z 33,9 milionów w 1997 r. do 65,6 miliona w 2016 roku, co stanowi najwyższy wynik od zakończenia drugiej wojny światowej, a 24,5 miliona z nich to uchodźcy. To przecież liczby trudne do wyobrażenia.

Wspomnę jeszcze o atakach terrorystycznych: kwiecień 2013 – Boston; listopad 2015 – Paryż; grudzień 2015 – San Bernardino; marzec 2016 – Bruksela, czerwiec 2016 – Nicea, grudzień 2016 – Berlin. Dodajmy do tego Ankarę, Bagdad, Bengazi, Damaszek, Jemen, Mogadiszu etc. Te wszystkie tragedie wywołane przez Al-Kaidę i ISIS.

Jak pan rozumie to, co się dzieje?
Największy lęk w dużych grupach zarówno etnicznych, narodowych, religijnych, jak i ideologicznych wzbudza obawa przed „zakażeniem" przez „Innego". Jeśli ktoś ma poczucie, że nie potrafi ochronić swojej indywidualnej tożsamości

przed takim zakażeniem – zagłosuje na autorytarnego przywódcę, który będzie podsycał etniczne, narodowe, religijne i ideologiczne uczucia grupowe, wzmacniając poczucie tożsamości.

Kiedy w danym społeczeństwie wiele osób – świadomie bądź nieświadomie – zaczyna obawiać się o swoją zbiorową tożsamość, a jakiś autorytarny przywódca, żeby pozostać przy władzy, z pomocą politycznej lub religijnej propagandy wzmacnia w tych ludziach poczucie niesprawiedliwości i krzywdy. To poczucie z kolei nasila paranoiczne wyobrażenia i wrogie uprzedzenia wobec „Innego". Następnie te uprzedzenia zaczynają obejmować tych współobywateli, którzy nie popierają owego przywódcy. Takie podziały występują dziś w wielu krajach.

Jestem z Charlottesville, pamięta pani, co się tam wydarzyło.

Młody faszysta wjechał samochodem w tłum protestujących antyfaszystów, zabił Heather Heyer i zranił dziewiętnaście osób.
12 sierpnia 2017 roku w Charlottesville odbył się zjazd białych nacjonalistów, a jego uczestnicy, przybyli również z innych części USA, głosili rasistowskie i antysemickie hasła, nosili nazistowskie i neonazistowskie symbole, przeciwstawiając się usunięciu pomnika Roberta E. Lee, jednego z dowódców sił Konfederacji w amerykańskiej wojnie domowej 1861–1865. [Jest on uznawany za symbol walki o utrzymanie niewolnictwa i wyższości białej rasy – przyp. aut.].

Prezydent Donald Trump potępił „przejawy nienawiści, bigoterii i przemocy z wielu stron" i odniósł się do „bardzo dobrych ludzi po obu stronach". Nie potępił wprost czynu zamachowca, a jego komentarz stanowi ilustrację podziału, o którym mówię. Wiem, z jak głębokimi podziałami mamy do czynienia w Turcji. Wielu intelektualistów i dziennikarzy tkwi w więzieniach, bo nie podzielali poglądów autorytarnej władzy.

Szczęśliwie Polska jest w Unii Europejskiej. Jeśli zabierzesz głos i wyrazisz swój protest wobec władzy, nikt nie zamknie cię w więzieniu. Mam nadzieję, że uda się w Polsce ochronić wolność słowa.

Jest pan dziś optymistą czy pesymistą?

Raczej pesymistą. Ludzki umysł bardzo powoli przystosowuje się do zmian, a dzisiejsze zmiany zachodzą nazbyt szybko. Podział na „my" i „oni" pomiędzy krajami i w ich obrębie się nasila.

Powiedział pan kiedyś, że „życie jest pełne okrucieństw, ale albo można się nimi próbować bawić, albo z ich powodu cierpieć". Co to znaczy?

Tak powiedziałem? Podoba mi się.

Przypomniała mi się teraz pewna sytuacja. Po upadku Związku Radzieckiego zapraszaliśmy wpływowych estońskich i rosyjskich przedstawicieli na rozmowy, żeby próbować pomagać im rozwiązywać ich problemy. W drugim roku tych rozmów pewien delegat z Estonii zwrócił się do delegata z Rosji: „Wy, Rosjanie, jesteście jak słoń. My Estończycy, jesteśmy jak królik. Nasz kraj jest mały. Jeśli królik zaprzyjaźni się ze słoniem, nie będzie bezpieczny. Będzie jeszcze bardziej zagrożony, bo słoń, nawet jeśli nie będzie agresywny, może przypadkiem na niego nadepnąć". Uczestnicy zaczęli się bawić tą metaforą, przerzucać ją jak piłeczkę. Toksyczne uczucia uległy rozproszeniu, pojawił się śmiech, żarty. Ta zabawa umożliwiła poważną i opartą na realiach dyskusję. W rezultacie poszli do parlamentu i podpisali sześć porozumień. Och, gdybym robił takie rzeczy dla pieniędzy, byłbym dziś milionerem...

Myśli pan czasem o końcu swojego życia?
Kilka miesięcy temu przydarzyło mi się coś niezwykłego.
Nasz dom w Charlottesville otacza las. Usiadłem o zmierzchu na tarasie i popatrzyłem na drzewa obrośnięte nowymi liśćmi. Ptaki śpiewały, tuż przy mnie latała pszczoła, szukając czegoś między deskami domu. Poczułem coś bardzo silnego, czego nigdy wcześniej nie doświadczyłem. Miłość do natury. Naprawdę się nią napawałem, radowałem. I wtedy w mojej głowie pojawiła się myśl: gdy umrę i zostanę pochowany, stanę się po prostu częścią tego wszystkiego. Tak sądzę. I to jest niezwykle piękne.

Tłum. Cveta Dimitrova

MIAŁAM
TRZY MATKI

Yona Teichman

(ur. w 1939 r. w Drohobyczu)

Emerytowana profesor psychologii klinicznej w Szkole Nauk
Psychologicznych Uniwersytetu w Tel Awiwie w Izraelu, gdzie przez sześć
lat pełniła funkcję Przewodniczącej Dziecięcego Programu Klinicznego.
Wykładała tam również psychoterapię na wydziale medycyny. Integruje
podejście systemowe i poznawcze, stosując je szczególnie w leczeniu
depresji. Jest autorką licznych publikacji. Wykładała i prowadziła
superwizje w Izraelu, Australii, USA, Armenii oraz na Uniwersytecie SWPS
w Polsce. W 2013 r. założyła Graduate Program for Clinical Psychology
w The Interdisciplinary Center w Herzliya w Izraelu, do 2018 r. pełniła
funkcję szefowej tego programu. Pracuje i superwizuje.

„Akceptacja" to dla mnie absolutnie
kluczowe słowo. Uświadom sobie zmiany,
a potem przyjmij je. Nie walcz.

◆ ◆ ◆

Czuję, że proces starzenia się to jest coś
dla mnie nowego, ale dobrego.

◆ ◆ ◆

Jeżdżę po świecie, uczę, spotykam ludzi,
zapraszam ich do domu. Co piątek urządzam w domu
kolację. Gotuję na siedemnaście osób, wyobrażasz sobie?
Bo dobre jedzenie trzyma rodzinę razem.

Yona, jak mam sobie radzić z przemijaniem?

Musisz je po prostu zaakceptować. Nie walcz z tym. Tego się nie da przewalczyć, więc nie ma co tracić czasu. Zaakceptuj, że czas mija. I nie bój się słów „stara, stary". Stajesz się coraz starsza. To jest fakt. I w związku z tym będziesz przeżywać kolejne utraty, różne rzeczy będziesz tracić bezpowrotnie. Nic na to nie poradzę.

Teraz, w moim wieku, niemal codziennie coś tracę. I nie mam na myśli, że ktoś ci umrze. To też, ale jest mnóstwo utrat o wiele mniej spektakularnych, a i tak bardzo dotkliwych. Na przykład ktoś bliski traci pamięć albo umiejętność dostosowywania się. Bliscy, kochani ludzie bardzo się z czasem zmieniają. I to się dzieje na twoich oczach. Tracisz ich, choć oni wcale nie umierają. Stają się inni.

Inni czy trudni?

Inni. A także trudni. Ale przede wszystkim chodzi o to, że tracisz kogoś, z kim się znałaś na przykład pięćdziesiąt lat. Znałaś jego, ją bardzo dobrze, miałyście mnóstwo wspólnych wspomnień. I nagle ta przeszłość znika. Wasza relacja znika. To nie jest niczyja wina. To właśnie trzeba zaakceptować. „Akceptacja" to dla mnie absolutnie kluczowe słowo. Uświadom sobie zmiany, a potem przyjmij je. Nie walcz.

Ale to właśnie jest najtrudniejsze.

Wiem. Nic na to nie poradzę. Nie znam innego sposobu. Przyjęcie do wiadomości, że jest jak jest – to podstawa. Niestety, znam również psychoterapeutów, którym akceptacja przemijania przychodzi z trudem. Wkładają dużo wysiłku, żeby walczyć. Mnie to smuci, bo ta walka jest z góry skazana na porażkę. Trzeba patrzeć, co się dzieje z nami, z naszymi bliskimi, dostrzegać zmiany, opłakiwać straty, pomalutku się z nimi godzić i żyć dalej.

Jeszcze całkiem niedawno miałam mnóstwo różnych przymiotów, które teraz całkowicie straciłam. Wielu rzeczy nie mogę robić i nigdy już nie zrobię. Ale jest wiele, które mogę robić nadal: pielęgnować relacje z dziećmi, z wnukami. Póki to jest możliwe, mogę mieć frajdę z życia. To przecież czyni nas żywymi.

Nie pobiegasz już z wnukami po parku...

No właśnie. Mam ośmioro wnucząt. Najstarszy ma dwadzieścia osiem lat. Najmłodszy pięć. Z każdym mam inną relację i wszystkie są dla mnie bardzo ważne. Uwielbiam ich. I wiesz, sama sobie nadal wydaję się pełna życia.

Jak to zrobiłaś?

Nie mam pojęcia. Chyba nie jest tak, że to „zrobiłam". Może to efekt wielu, wielu lat pracy nad sobą? I mam na myśli nie tylko pracę świadomości. Tu chodzi o coś więcej, o umiejętność uświadamiania sobie spraw, a potem przyjmowania ich takimi, jakie są. Bez zniekształcania rzeczywistości, bez prób manipulowania sobą lub innymi.

Jestem szczera i to jest bardzo przyjemne. Nie muszę już nikogo zadowalać. Staram się patrzeć na sprawy dookoła i widzieć je takimi, jakimi są. One się stale zmieniają, są w ruchu, niezależnie od tego, czy mi się to podoba, czy nie. Przyjmuję, że tak jest. Właściwie, dopóki nie zaczęłyśmy teraz rozmawiać, to nie zdawałam sobie sprawy, że mam tyle w sobie spokoju w tej sprawie. Dziękuję Bogu, że właśnie w taki sposób przeżywam swoją starość. Przecież różnie to się mogło potoczyć. I wiesz, może trudno w to uwierzyć, ale nie przypominam sobie, żebym inwestowała w tę moją postawę jakąś specjalną energię. To mi przychodzi dość naturalnie. Ot tak. Być może mam po prostu uwewnętrznione jakieś modele bycia starą kobietą, modele zaobserwowane w młodości, z których sobie nie zdaję sprawy. Sama właściwie nie wiem, jak to dokładnie działa, dopiero twoje pytanie otworzyło mi w głowie pozamykane przestrzenie.

Czuję, że proces starzenia się to jest coś dla mnie nowego, ale dobrego. I jakoś sobie muszę radzić z tym, co mi się w tym nie podoba. No cóż, to też może być rozwijające.

Czujesz w sobie spokój? Naprawdę? Nie boisz się?
Czy się boję? Hm... czasami. Oczywiście. To byłoby kompletne zaprzeczenie, gdybym powiedziała, że nie czuję lęku. Oczywiście, że on się czasem pojawia, ale mnie nie zalewa, nie żyję zanurzona w tym. To jest lęk przed byciem niezdolną do pracy, do aktywności. Nie chciałabym stracić możliwości mojego umysłu. To jest coś, co naprawdę mnie przeraża i co obserwuję niestety u wielu znajomych... No i oczywiście boję się, że stracę kogoś bardzo bliskiego.

Jest lęk przed zależnością?
Zależność jest naturalną konsekwencją utraty umysłu. Nie chciałabym być zdana całkowicie na innych. Teraz prowadzę życie bardzo niezależne, pełne swobody. Jeżdżę po świecie, uczę, spotykam ludzi, zapraszam ich do domu. Co piątek urządzam w domu kolację. Gotuję na siedemnaście osób, wyobrażasz sobie? Bo dobre jedzenie trzyma rodzinę razem.

Robię to samo. Choć nie w każdy piątek i nie na siedemnaście osób!
Więc widzisz, jestem bardzo aktywna. Moje dzieci też to zauważają, często mi o tym mówią. Miło to słyszeć, ale czasami

pojawia się pytanie: jak długo jeszcze? To są te chwile, kiedy czuję lęk.

Rozmawiasz o tym z nimi?

Wspominam. Mówię na przykład: no wiesz, teraz jestem aktywna, ale trzeba być świadomą, że sprawy mogą się zmienić z dnia na dzień. Mówiłam to kilka razy. Choć wiesz, myślę, że tak naprawdę jest im trudno to sobie wyobrazić. Że pewnego dnia im po prostu zniknę.

Jak to robisz, że jesteś taka aktywna? Gdzie jest źródło?

To trochę nawyk. Naprawdę, nie śmiej się. Byłam liderką wielu przedsięwzięć, lubiłam to. To w ogromnym stopniu kwestia samodyscypliny. Wiesz, moja mama była bardzo pasywna. Nie chciałam tego powielać.

Poddała się?

No właśnie. Wiem, że miała bardzo trudne życie. W ogóle nie mogę porównywać z moim… niemniej jednak nie wszyscy z podobną historią się poddawali, a ona tak. Prawdopodobnie to doświadczenie – patrzenia, jak sobie nie radzi z trudnościami – nadal mnie motywuje do aktywności i dyscypliny. Chciałam być zaciekawioną życiem, zaangażowaną, odpowiedzialną osobą.

To częsta motywacja u kobiet - nie chcą być takie jak matki...

Tak, to dodaje sił do pracy nad sobą!

Ile masz teraz lat?

W tym roku skończę osiemdziesiąt.

A ile w środku?

Może około siedemdziesiątki? Trudno stwierdzić dokładniej, bo to zależy od momentu. A wiesz, że nie mam aktu urodzenia?

To zresztą nic nadzwyczajnego w moim pokoleniu. Musiałam zaufać rodzicom, że pamiętają, kiedy się urodziłam. Czuję się młodo może dlatego, że ciągle mam kontakt z młodymi ludźmi, a może dlatego, że mój zawód bardzo w tym pomaga?

Jak pomaga?

Zmusza do tego, by ciągle być *up to date*, aktualizować sposób myślenia. Nie można skostnieć, zatrzymać się. Jeśli chcesz dobrze pracować z ludźmi, być pomocna, musisz być kreatywna, musisz pracować nad sobą, nie możesz utknąć w miejscu. I musisz zachować ciekawość. Bez tego nic się nie uda. Ciekawość to jest silny popęd.

Wiesz, pracuję na uniwersytecie w Tel Awiwie już trzydzieści lat. Uczę, robię badania, publikuję, superwizuję. Mimo że jestem na emeryturze. Co zresztą sobie bardzo cenię. Lubię być na emeryturze!

Patrzysz czasem na swoje życie z dystansu? Z lotu ptaka?

Nie bardzo. Na całe życie nie spoglądam. Ale wizytuję różne rozdziały tej opowieści. Zaglądam tam.

I co wtedy widzisz?

Na niektóre rozdziały patrzę z wielką satysfakcją, inne oglądam z dużą dozą krytycyzmu. Wspominałam już o relacjach z moją matką. No cóż, muszę to nazwać wprost – nie zawsze ją rozumiałam. Może nie byłam wystarczająco otwarta na to, przez jakie musiała przejść doświadczenia? Może mogłam jej bardziej pomóc? Być bardziej wyrozumiała? Starałam się ją wspierać, ale może i tak niewystarczająco? Nie wiem… Chodzi mi to czasami po głowie. Nie jest tak, żebym się tym zadręczała, ale te myśli wracają.

Na szczęście mogę o tym wszystkim rozmawiać z moim mężem i on mnie dobrze rozumie. No cóż. Nic już na to nie poradzę. Może to też kwestia wieku? Im bardziej się robię stara, tym lepiej rozumiem moją matkę. I jestem zła na ojca, że rozwiódł się z nią w taki nieprzyjemny, bezduszny sposób. Dziś dopiero to widzę. Z perspektywy.

Wiesz, jestem jedynaczką. A być jedynaczką w rodzinie, w której oboje rodzice są straumatyzowani przez Zagładę, jest bardzo ciężko. To jest duże obciążenie.

Mój ojciec był postacią charyzmatyczną – przystojny, mądry, ożenił się powtórnie. Jego życie wyglądało na perfekcyjne. Zresztą bardzo dużo zawdzięczam jego drugiej żonie. Ale teraz, kiedy patrzę na to, jak mówisz, z lotu ptaka, widzę rzeczy nieco inaczej... Dostrzegam, jak bardzo moja matka była w tym wszystkim nieszczęśliwa, i czuję się winna.

Jak długo żyła?

Dziewięćdziesiąt trzy lata. Miała długie i smutne życie. Miałam więc troje dzieci i dwie matki. Jedna z nich nie mogła mi pomagać, bo była w depresji, a druga nie miała swoich dzieci i nie bardzo umiała z nimi postępować. Więc to ja opiekowałam się moimi matkami. Na pewno wiele się dzięki temu nauczyłam o życiu, ale to nie było dla mnie łatwe. Też potrzebowałam mieć matkę.

A co jest najważniejsze w życiu?

Rodzina, oczywiście! Partner, dzieci, wnuki, prawnuki!

Wiesz, dość późno zaczęłam robić karierę. Miałam pięćdziesiąt pięć lat, gdy zostałam profesorem. Mój syn jest profesorem w wieku czterdziestu dwóch lat! Ale ja chciałam się najpierw zająć moimi dziećmi, domem. A kiedy już podrosły, to się zajęłam karierą. I dzięki temu nic mi nie umknęło. I dzięki temu też moje dzieci są bardzo zżyte ze sobą, przyjaźnią się i mogą na siebie liczyć. No i mnie też lubią! Powiedziałam ci, że jestem jedynaczką. Ale miałam brata, wiesz? Nie rodzonego. To był syn kobiety, która mnie uratowała w czasie wojny. Czyli można powiedzieć, że właściwie miałam trzy matki. Przechowywała mnie Polka i ona miała o rok starszego syna. Był dla mnie jak brat. Myśmy się dużo razem bawili. I w głębi duszy noszę pamięć o bracie, którego miałam. Bardzo zresztą za nim tęsknię.

Boli?

Bardzo. Nie będziemy o tym pisać. Dość powiedzieć, że wiem, jak ważne jest mieć rodzeństwo. Mam dwie córki i syna. Wkładałam wiele wysiłku, żeby im pomóc się zżyć ze sobą. Wzruszam się, kiedy patrzę, jak są dla siebie ważni. Skoro pytasz o ważne rzeczy, to muszę wspomnieć o moim mężu. My jesteśmy ze sobą bardzo długo już.

Jak długo?

Pięćdziesiąt sześć lat.

Jak to możliwe?

No właśnie jest możliwe. Tylko trzeba się postarać. On też jest psychoterapeutą i jest bardzo aktywny intelektualnie. Robimy podobne rzeczy, a jednocześnie różne, wzajemnie siebie tym wzbogacamy i zaciekawiamy. Dobrze się rozumiemy, ale nie rywalizujemy. I to jest wspaniałe.

On się zajmuje uzależnieniami, a ja niemowlętami. Teraz, kiedy o tym rozmawiamy, przypomniał mi się jeden ślub. Rabin powiedział młodej parze, że życzy im, „żeby byli jak te litery w Biblii". Wiesz, jak wygląda Biblia napisana po hebrajsku? Każda litera jest osobna. I każde słowo jest osobne. I on do nich powiedział: „Życzę wam, byście byli jak te litery – każda jest osobna, ale razem tworzą nowe znaczenia, nowe słowa. Razem tworzycie coś nowego, ale nie wchodzicie sobie na głowę".

Bardzo mi to utkwiło w głowie, chociaż było ze trzydzieści lat temu. Podoba ci się?

Pięknie powiedział.

Tak. „Razem tworzycie znaczenia", ale nie „na zakładkę". Pięknie i metaforycznie ujął istotę dobrego związku.

I twoje małżeństwo takie właśnie jest?

Tak sądzę. Przyjaźnimy się. Lubimy. Kochamy. A ponieważ nie rywalizujemy, to dużo się ze sobą konsultujemy. W domu dużo rzeczy robimy razem. Na przykład gotujemy. Żona mojego ojca mówiła: *Families that cook together, stay together.*

Gotowanie to też tworzenie nowych znaczeń...

Dokładnie tak.

Chcesz usłyszeć coś śmiesznego? Kiedy byliśmy po ślubie jakieś osiemnaście lat, pojechałam na konferencję. Zwykle jeździliśmy razem, ale tym razem pojechałam sama. To było w Lizbonie. Wieczorem siedzieliśmy w jakiejś knajpie ze znajomymi i ja mówię, że stawiam wino. A oni, co to za okazja? Na co ja, że to rocznica mojego ślubu. To oni pytają, jak długo jestem po, ja mówię, że osiemnaście lat. A oni: „ach... te długoletnie małżeństwa...". To byli w większości Amerykanie, rozwiedzeni, w kolejnych związkach.

Ciekawe, co by powiedzieli dzisiaj.

No właśnie! To samo mi przyszło do głowy!

Łatwiej iść przez życie z przyjacielem?

Nie masz nawet pojęcia. To jest błogosławieństwo!

Wierzysz w Boga?

Nie, zupełnie nie. Mąż też nie, choć chodził do Jesziwy i pochodzi z religijnej rodziny. Wiesz, jaki jest główny powód? Holokaust. Te dwie sprawy nie mogą iść w parze. To się nie da pogodzić. Bóg żydowski podobno miał być troskliwy i wielkoduszny. Wiem, że są ludzie, którzy w to wierzą, ja nie miałam takiej potrzeby. Choć celebrujemy w domu żydowskie święta. Ale raczej na rzecz tradycji, pamięci naszych przodków. To jest coś, co nas łączy. Zapalam świeczki na Chanukę.

Skąd wiedziałaś, że chcesz być psychoterapeutką?

Zawsze mnie interesowali ludzie, od kiedy siebie pamiętam. Antropologia, pedagogika, psychologia. Co się dzieje w relacjach i dlaczego. Chciałam to rozumieć, a potem przyszła także potrzeba, by ludziom pomagać. Już jak miałam czternaście lat, to pracowałam jako wolontariuszka.

Czy to może mieć coś wspólnego z wojennym doświadczeniem rodziców? Ta potrzeba reperowania świata?

Bardzo możliwe. Może nawet nie reperowania, bo to wydaje się nazbyt ambitne, ale ujmowania cierpienia. Nie bez przyczyny jestem terapeutką rodzinną. Nawet gdy spotykam się tylko z jednym pacjentem, to mam w głowie cały rodzinny kontekst. Sama miałam trzy matki. Wiem, jak ważna jest rodzina. Tu powstaje człowiek.

Lubisz tę pracę?

Bardzo! Lubię siedzieć razem z rodziną i starać się ją jak najlepiej zrozumieć. Patrzeć, jak oni siebie nawzajem wzmacniają zarówno w tym, co działa, jak i w tym, co nie działa, co jest dysfunkcjonalne. Ja zresztą zwracam bardzo dużo uwagi na to, co działa, co jest zasobem. Co funkcjonuje? Gdzie jest spokój? Jak oni to robią, że akurat te aspekty są zdrowe? I wiesz co, zanim zrobię cokolwiek, zanim cokolwiek powiem, staram się patrzeć. Psychoterapeuta musi być dobrym obserwatorem. Musi umieć czytać strukturę. Widzieć, jak ta rodzina siebie nawzajem karmi, napędza.

Wiesz, że psychoterapeuci żyją najdłużej?

No co ty?! Nie wiedziałam! O, świetnie. Dziękuję. To bardzo dobra wiadomość.

Myślisz czasami o śmierci?

Oczywiście. Ale nie za często. Nie zajmuję się tym zbyt szczegółowo. Wiem, że chciałabym, żeby posadzili kwiaty na moim grobie. To jedyne życzenie. Nie będę przecież próbowała kontrolować mojej rodzinny i mówić im, co mają robić. Szczerze mówiąc, nie ma to dla mnie żadnego znaczenia. Sama nie chodzę zbyt często na cmentarze. Nie mam relacji z kamieniami.

Czasem myślę o samej śmierci. Chciałabym, żeby przyszła szybko, jak pstryknięcie palcami. Ale nikt nie wie, jak to się stanie, i nikt nie ma na to wpływu. Myślę, że to jest trudne dla naszych bliskich, którzy zostaną po nas. Im będzie smutno. Pusto. A nas już wtedy nie będzie. To wszystko.

MYŚLI MI SIĘ WSPANIALE

Hanna Jaworska

(ur. w 1941 r. w Warszawie)

Psycholog, absolwentka Uniwersytetu Warszawskiego, dyplom uzyskała
w 1964 r. Uczennica dr. Jana Malewskiego, wprowadzającego w Polsce
psychoterapię jako metodę leczenia zaburzeń nerwicowych. Metoda
oparta była na psychoanalitycznym rozumieniu źródeł cierpienia
pacjenta. Od 1964 r. współtwórczyni stacjonarnego Ośrodka Leczenia
Nerwic w Rasztowie, stosującego psychoterapię grupową nazwaną
wówczas psychodynamiczną. Zaangażowana we wprowadzenie w proces
psychoterapii analitycznej psychodramy, wywodzącej się z francuskiej
psychoanalizy. Autorka wielu wystąpień i publikacji propagujących
metodę psychodynamiczną. Wprowadzała psychodramę
jako metodę diagnozy, leczenia, szkolenia i superwizji.
Inspiratorka przekształcenia stacjonarnego Ośrodka Leczenia Nerwic
Rasztów w oddział dzienny z rozbudowanym ambulatorium oferującym
psychoterapię w różnych formach. Aktualnie koncentruje się na pracy
superwizorskiej. Zachęca adeptów do poznawania i szacunku
do różnorakich podejść teoretycznych, podkreślając, iż przestrzenią
integrującą środowisko jest niezbywalny kodeks etyczny psychoterapeuty.
Matka trzech synów i babka dwojga wnucząt.

Nie chodzi o to, by cały świat padał przed nami
na kolana, ale warto badać, czy zostawiamy po sobie coś
dobrego - w rodzinie i w pracy.

◆ ◆ ◆

Żyjemy w świecie, który obiecuje, że na wszystko mamy
wpływ, a to jest absolutna iluzja.

◆ ◆ ◆

Uważam, że najważniejsza jest prawda.
Ta, do której dochodzimy, zastanawiając
się nad sobą i nad światem.

Zapytam bardzo wprost: pani Hanno, ile pani ma lat?
Właśnie skończyłam osiemdziesiąt i samą mnie to dziwi. Trudno uwierzyć, ponieważ czuję dużą dysproporcję między duchem a ciałem i zastanawiam się, jak w tym odnaleźć harmonię.

Oczywiście widzę, że przybywa mi ograniczeń, już nie wszystkie codzienne czynności są możliwe, na przykład nie mogę już biegać po schodach jak kiedyś i nie pojadę na rajd konny w Bieszczady. Ale myśli mi się wspaniale. Tu żadnej zmiany nie ma – jak dotąd, oczywiście.

Dość jasno widzę, co się dzieje. Doświadczenie ułatwia mi zrozumienie powiązań teraźniejszości z przeszłością: widzę różne połączenia między konkretnym momentem w życiu i tym, skąd on się wziął. Rozumiem, że to, jak widzimy rzeczywistość, zależy od oglądania jej z perspektywy wewnętrznego lustra albo – krzywego zwierciadła.

I jak ta rzeczywistość wygląda z pani perspektywy?
Giną wartości. To jest dominujące i najbardziej mnie uderza. Kiedy rozmawiam z moimi superwizantami – superwizja to jest proces uczenia się, kiedy ktoś z mniejszym doświadczeniem korzysta z oglądu psychoterapeuty bardziej doświadczonego – to widzę, jak ta sfera się zmienia. Ja byłam wychowywana w czymś zupełnie innym. Miałam jasność co do wartości, a teraz wszystko stało się możliwe, płynne i równie dobre.

Proszę powiedzieć o tym więcej.
Coś musi być białe, żeby mogło kontrastować z czarnym. Kiedy mówimy, że „wszystko jest jednakowo dobre" i że „każdy

może mieć swoje zdanie", to to jest magma po prostu. Przecież, żeby móc zbudować swoją tożsamość, trzeba coś świadomie zaakceptować, ale też jednocześnie wiedzieć, do czego jesteśmy w opozycji. W magmie tworzy się struktura borderline.

Jeśli dziecko ma być zdrowe, a potem sobie radzić w życiu, musi być wychowywane w jakiejś wyrazistości. Nie może być zagubione i po omacku szukać czegoś, co dałoby mu wewnętrzną stabilizację. Jeśli to, co je otacza, jest nieokreślone, ono nie znajdzie oparcia. To nie znaczy, że wszyscy muszą mieć jednakowe wartości i odnosić się do tego samego. Chodzi o to, żeby byli wyraźni i żeby czuli to swoje istnienie – odrębne, niepowtarzalne.

A co to są za zmiany, które widać w rozmowach z superwizantami?

Dla mnie superwizant jest osobą, która ma podobne wartości jak ja. Podmiotem jest dla nas pacjent, zaś psychoterapeuta chce zrobić wszystko, żeby go jak najlepiej zrozumieć, a także jak najlepiej zrozumieć siebie w tej relacji. Jego własne, dobrze rozpoznane emocje oraz trafnie odczytane uczucia pacjenta – w połączeniu z intelektualną wiedzą – są profesjonalnym narzędziem do tworzenia procesu psychoterapii. Zajmujemy się kontaktem z cierpiącym człowiekiem, któremu chcemy przekazać coś, o czym jesteśmy przekonani, że dla niego może być dobre, może mu pomóc.

To jest specyficzny zawód, a uczenie się go nie polega na zdobywaniu technik. Tu trzeba wykonywać nieustanną pracę ze sobą. Jest to jedna z bardzo mi bliskich wartości. Przed nadużyciem ze strony terapeuty chroni pacjenta kodeks etyczny psychoterapeuty i wymóg superwizowania wykonywanej pracy.

To, co mnie często niemiło zaskakuje, to gdy ktoś przychodzi z prośbą o superwizję, ale tak naprawdę chodzi mu o to, aby uzyskać pisemne potwierdzenie odbytych – a właściwie tylko przesiedzianych – godzin. Dokument ma uwiarygodnić jego kompetencje i pozwolić na zarabianie we własnym gabinecie jak największych pieniędzy. A może to po prostu jest cynizm?

Obrazem głębokiego zaburzenia, które zaczyna się pojawiać w naszym zawodzie, są „lojalki", które psychologiczne korporacje każą podpisywać zatrudnianym przez siebie terapeutom. Taka lojalka stanowi, że pacjent jest przypisany do firmy, a nie do psychoterapeuty! Psychoterapia staje się więc towarem.

Czy ludzie nie zdają sobie sprawy, że podpisanie czegoś takiego dyskwalifikuje ich jako terapeutów? Nie przyjmę do superwizji kogoś, kto zaprzedał się interesowi finansowemu oszukańczej wobec pacjenta firmy. Jeśli psychoterapeuta nie ma uwewnętrznionego kodeksu etycznego, to nie ma bazy, do której można się odwołać w procesie doskonalenia zawodowego. Jeśli ta praca ma mieć sens, musimy opierać się na wartościach.

A pani była wychowywana w jakich wartościach?
W największym skrócie – byłam wychowywana w przekazie, że żyje się nie tylko dla siebie. Ważne jest, jaki mamy kontakt ze światem i co możemy dać innym. Ważne jest też, że czas istnieje. Ponadto ważne jest, żeby to, co się zostawia po sobie, miało jakąś wartość – w pamięci innych, choćby w jej małym fragmencie. Nie chodzi o to, by cały świat padał przed nami na kolana, ale warto badać, czy zostawiamy po sobie coś dobrego – w rodzinie i w pracy, bez której zresztą nie wyobrażam sobie pełni istnienia.

Czy pani wie, że psychoterapeuci żyją najdłużej?
Nie wiedziałam, ciekawe. Powiem szczerze, że na tym czasie to mi tak bardzo nie zależy, ale na sprawności – jak najbardziej.

Mamy wpływ na to, jak się starzejemy?

Tylko do pewnego stopnia. Chodzi o to – znowu mówiąc w wielkim skrócie – żeby się godzić z tym, co jest. Zwłaszcza z tym, co zaskakuje. Na przykład, że skończyłam właśnie osiemdziesiąt lat. Naprawdę nie mogę w to uwierzyć, a już najwyższa pora.

Wie pani, żyjemy w świecie, który obiecuje, że na wszystko mamy wpływ, a to jest absolutna iluzja. Mamy rozmaite ograniczenia. I nie myślę tu o lęku przed śmiercią, bo jeżeli ma się poczucie, że zrobiło się w życiu to, co było najważniejsze, to ono nie musi trwać w nieskończoność. W pewnym momencie już wystarczy.

Skąd pani wiedziała, że chce być psychoterapeutką?

To było tak dawno, że aż trudno uwierzyć. Moi rodzice śmiali się, bo już jako małe dziecko mówiłam, że wprawdzie bajki są fajne, ale poproszę, żeby mi opowiedzieli „coś z prawdziwego zdarzenia", co naprawdę zaistniało, bo o wiele ciekawsza jest wiedza o najgłębszej prawdzie, o człowieku. Byłam chyba nieco dziwnym dzieckiem, jak dziś o tym myślę. Od zawsze najważniejsze dla mnie było, co się komu przytrafiło i dlaczego właśnie to, a nie coś innego. Często myślałam: „Ciekawe, co mogło być powodem takiego zachowania tego człowieka w tej sytuacji?". Dlaczego ktoś powiedział to, a nie co innego? Dość szybko spostrzegałam, że przyczyn zachowań jest zwykle co najmniej kilka i że ciekawie jest ich szukać – lubiłam takie zagadki. Oczywiście wtedy nie wiedziałam o istnieniu psychoterapii.

Pozostała pani wierna swojemu dziecięcemu zaciekawieniu.

Tak. Uważam, że najważniejsza jest prawda. Ta, do której dochodzimy, zastanawiając się nad sobą i nad światem. I dlatego psychoterapia ma dla mnie taką wartość. To przecież nic innego, jak odkrywanie prawdy, wyzbywanie się wewnętrznego więzienia, w którym każdy z nas mniej lub bardziej tkwi. Trzymają nas destrukcyjne, nawykowe, niegdyś obronne mechanizmy, z których zupełnie sobie nie zdajemy sprawy.

Psychoterapia pomaga wyjść z więzienia?

Tak, bo rozwiązywanie nieświadomych konfliktów pomaga osiągnąć pewną wewnętrzną wolność. Oczywiście taką, jaka jest możliwa, a to nie znaczy, że możliwe jest wszystko. Uznanie prawdy polega również na godzeniu się z tym, czego nie sposób zmienić, co musi pozostać, nawet jeśli jest niezupełnie satysfakcjonujące.

Kiedy zaczynam pracować z drugim człowiekiem, zawsze jest dla mnie wielką niespodzianką, co ten człowiek w sobie odkryje. Pamiętam pacjentów, którzy na początku pracy wydawali się powierzchowni, mało refleksyjni. A w czasie psychoterapii zaczynały z nich pomału opadać różne skorupy. I nagle ten człowiek odkrywał, że ma w sobie coś cennego, co do tej pory było w nim nierozpoznane. I mogłam mu w tym towarzyszyć. To są te prawdziwe prezenty, które dostajemy od naszych pacjentów.

Ten błysk w pani oczach teraz to może też jest odpowiedź na pytanie, dlaczego psychoterapeuci żyją tak długo.

Coś jest w tym, co pani mówi, bo nie bardzo sobie wyobrażam, że mogłabym mieć zespół wypalenia zawodowego. Za każdym razem to jest nowe, fascynujące spotkanie z człowiekiem.

Ale ta praca niesie też swoje trudy. Największy trud to konieczność kontenerowania, pomieszczania w sobie bardzo trudnych uczuć naszych pacjentów. Ich furii, ataków na nas, tych tak zwanych negatywnych przeniesień. Ale przecież przeniesienie to jest po prostu przeżywanie rzeczywistości przez zakłócający pryzmat wcześniejszych doświadczeń. I jeżeli ktoś nie miał żadnych dobrych doświadczeń, to naprawdę trudno z nim pracować. Myślę teraz o bardzo dramatycznych, skrajnych doświadczeniach, kiedy coś w małym dziecku zostało bezpowrotnie zniszczone i tego się nie odbuduje. Niestety, nie każdemu mogę pomóc. Nie każdemu umiem. Ale zawsze na początku staram się szukać tego czegoś, co pomoże w otwieraniu wewnętrznej głębi, staram się szukać tego, co może zaiskrzyć. A jeśli sama nie znajduję, to zastanawiam się, jaki byłby właściwy adres do znalezienia pomocy.

Pani jest absolutnym zaprzeczeniem teorii, że psychoterapeutami zostają ludzie depresyjni.
Zaraz, zaraz, przecież depresyjne przeżycia tworzą całość w człowieku, nie można być wciąż radosnym! Trzeba przyjąć i smutek, i poczucie straty. Ból. Ale to, że te uczucia w nas istnieją, nie znaczy, że muszą nas niszczyć. Trzeba nauczyć się je w sobie mieścić, trzeba się z pewnymi doświadczeniami pogodzić. Bardzo bym nie lubiła takich skrajności: najpierw zachwyt, euforia, a za chwilę czarna rozpacz.

Wróćmy do przemijania. Czy dobrze rozumiem, że nie ma w pani przesadnego lęku przed śmiercią?
Przesadnego nie mam. Jest taki kawałek, który każdy z nas w sobie nosi. Przesadziłabym, gdybym powiedziała, że w ogóle się nie boję. Wiem, że to jest nieuchronne, naturalne, ale ten lęk to nie jest zasadnicza składowa mojego życia. Ważne jest, że żyję. Ważne jest, co jeszcze mogę przeżyć, co jeszcze mogę zrobić.

A na takim praktycznym poziomie szykuje się pani do śmierci?
Nie przygotowałam ubrania do trumny, jeśli to ma pani na myśli. Mam nadzieję, że będę skremowana, to mi się wydaje bardziej estetyczne. Reszta mnie nie interesuje. Trzeba zrobić

porządki, wiadomo. Choć trudno jest zacząć, trudno wybrać ten moment.

Ale zadbałam, żeby rozpisać wszystko, co mam – moim dzieciom, żeby tu był absolutny porządek. Trochę się bałam, zastanawiałam, czy to nie będzie znaczyło, że już właściwie mnie nie ma. Ale nie. Jest w porządku.

Jak dzieci to przyjęły?

Bardzo spokojnie. Okazało się, że rozmowy o testamencie wcale nie oznaczają, że już jutro muszę umrzeć. Mogę, ale niekoniecznie.

Pani się urodziła w czasie wojny, czuje pani wpływ tego faktu na swoją historię?

Czuję, ale inaczej niż można by przypuszczać. Moja matka była pielęgniarką, bardzo zaangażowaną w pomaganie ludziom. W czasie powstania warszawskiego w piwnicy naszego domu był punkt sanitarny dla osób lżej rannych, które nie wymagają lekarza. Mama prowadziła ten punkt, miałam wtedy trzy i pół roku. Siedziałam przy niej i zwijałam bandaże. Pamiętam te kilometry prześcieradeł... Dla mnie wtedy było oczywiste, że to jest ważne. Było też niebezpiecznie, przecież widziałam śmierć, ale ważne było, żeby robić to, co jest możliwe. Dzisiaj jest rocznica powstania w getcie warszawskim. Mocno w mojej pamięci tkwi taki obraz: mam mniej więcej dwa lata, jedziemy z mamą tramwajem. I gdzieś przed Dworcem Gdańskim nagle się orientuję, że w tramwaju jest zupełnie cicho, a mamie płyną łzy po policzkach. Paliło się getto. Zapamiętałam, że dzieje się coś strasznego.

I nic nie można zrobić.

Nie, nic. Jest tylko cisza i te łzy mojej mamy. Ale na co dzień czułam się bezpiecznie. Moja mama wtedy wszędzie mnie ze sobą zabierała, uważała – nie wiem, czy ja ją miałam chronić, czy ona mnie chroniła – że kiedy się jest razem, to jest bezpieczniej. Więc zupełnie nie doświadczyłam związanego z wojną opuszczenia, samotności wystraszonego dziecka. Myślę, że to mnie bardzo zbudowało, dało energię.

A co zasila tę pani dzisiejszą energię, jak pani myśli?
Przede wszystkim nie przesadzajmy, ja teraz jestem taka ożywiona, bo rozmawiam z panią i to mi się podoba. Ale bywam też bez energii. Co do ożywienia, to myślę, że źródłem jest przede wszystkim moja ciekawość świata, lubię mu się przyglądać, chociaż czasem są to smutne obserwacje.

Obie wiemy z teorii przywiązania, że ciekawość z miłości się bierze. Z bezpiecznej więzi - ten tylko może mieć w sobie swobodną ciekawość, kto się czuł kochany.
Bardzo możliwe, nie patrzyłam na to tak. Ale rzeczywiście nie miałam nigdy żadnej wątpliwości, że jestem kochana. Mama miała czterdzieści lat, gdy mnie urodziła. Byłam jej pierwszym dzieckiem, a dookoła zawsze było wiele bardzo życzliwych kobiet, to też było ważne. Lubię kobiety. To nie znaczy, że nie doceniam mężczyzn – cieszę się, że w świecie są i mężczyźni, i kobiety, bo inaczej nie byłoby całości, ale jako dziecko doświadczałam dużo dobrego od różnych kobiet. Pamiętam tę wspólnotę kobiet jednakowo opuszczonych, cierpiących, że nie wiedzą, jaki jest los bliskich im mężczyzn, dzieci. Oprócz tego cierpienia miały w sobie bardzo dużo serca i ciepła również dla mnie. Jako dziecko odczuwałam to wyraźnie.

Powiedziała pani na początku naszej rozmowy, że nie bardzo się pani podoba to, co pani widzi dookoła.
No właśnie, ta płynność wspiera i produkuje patologię borderline, momentami idącą w kierunku psychozy. Łączę to, jak już mówiłam, z kryzysem wartości. Wszystko jest grząskie,

chwiejne. Nie ma się do czego odwołać, na czym oprzeć. I to, że nie ma się na czym oprzeć, uznaje się za cnotę, a ja myślę, że to jest wielkie nieszczęście.

Kultura, w której żyjemy, bardzo promuje używanie siebie i innych. To jest kultura narcystyczna. A skąd się bierze narcyzm? Narcyzm wytwarza się jako obrona przed głodem emocjonalnym – jeżeli dziecko nie jest kochane odpowiednio do swoich niezbywalnych potrzeb, samo musi zacząć siebie kochać, żeby przetrwać. Jest to bardzo podstawowy, głęboki deficyt.

I co z nami dalej będzie?

Będzie, co ma być. Każdy kryzys niesie w sobie szanse na rozwiązanie i rozwój. Kryzys jest zwykle wywołany czymś, co jest już nie do zniesienia – wszystko się rozpada, a potem przychodzi moment refleksji. Mam wrażenie, że wielu ludzi utraciło dziś zdolność do sublimacji, przetwarzania impulsów w coś bardziej subtelnego – twórczość, altruizm, poczucie humoru. To widać w wielu obszarach. Ale po okresach skrajnej destrukcji zwykle pojawia się szansa na budowanie spraw od nowa. Tak po prostu świat się toczy… Co prawda wiele cywilizacji zniknęło na zawsze, ale na ich gruzach powstały nowe. Zresztą to jest dobre pytanie, co znaczy „nowe"? Bardzo mi się podoba odpowiedź, że „nowe to jest stare, tylko dobrze zapomniane".

A co panią martwi najbardziej?

Brak szeroko pojętej miłości między ludźmi. Po prostu. W modelu kontaktów, które są w tej chwili promowane, trudno jest znaleźć coś pięknego. Mam wrażenie, że zbyt często rządzą impulsy i dążenie do tego, żeby być zadowolonym. Tak, jakby liczyła się tylko własna satysfakcja.

A to są iluzje. Nie można żyć w poczuciu spełnienia bez miłości. Konsekwencje tego kryzysu wnoszą do naszych gabinetów pacjenci. Są to między innymi uczucie pustki, samotności, bezsensu życia, coraz głębsze dolegliwości somatyczne. Cały depresyjny wachlarz cierpienia.

Na szczęście człowiek ma wspaniałą cechę – dokąd żyje, może się rozwijać, a do rozwoju prowadzi wiele różnych dróg. Jedną z nich jest psychoterapia. Dlatego moja praca ma sens. A ja nie posuwam się do katastroficznych prognoz przyszłości.

NIE ODPUSZCZAM

Ryszard Praszkier
(ur. w 1945 r.)

Dr hab. nauk humanistycznych. Psychoterapeuta i superwizor Polskiego Towarzystwa Psychiatrycznego. Prowadzi badania nad dynamiką zmian społecznych. Jako praktyk od ponad dwudziestu pięciu lat zaangażowany w umacnianie innowatorów społecznych na świecie – przeprowadził z nimi ponad dwieście pogłębionych wywiadów.

Autor i współautor wielu publikacji akademickich, m.in. o sposobach rozwiązywania z pozoru nierozwiązywalnych, ale ważnych problemów społecznych. Wydał m.in. *Working Wonders: How to Make the Impossible Happen, Empathy, mirror neurons and SYNC, Zmieniać nie zmieniając.* W wolnym czasie snorkluje i fotografuje rafę koralową.

Urodziłem się sam jak palec – wszyscy krewni prócz rodziców zginęli. Marzyłem o babci. W szalonych latach siedemdziesiątych dałem ogłoszenie do gazety: „Młody, zdolny poszukuje kandydatki na babcię".

◆ ◆ ◆

Im poważniejszy jest problem, tym bardziej warto go zostawić, nie zajmować się nim, tylko pisać wiersze haiku.

◆ ◆ ◆

Codziennie robię ćwiczenia. I fizyczne, i mentalne. Stawiam mózg w trudnej sytuacji, żeby musiał się gimnastykować. Stosuję techniki Feldenkraisa, które pobudzają plastyczność obu półkul.

◆ ◆ ◆

Spotykam się z przyjaciółmi w parku. Mam zawsze małpeczkę w kieszeni i nie tylko ja. Tworzymy grupę „habilitowanych meneli parkowych". Przyjmujemy też magistrów. Zapraszam.

Ryśku, ile ty właściwie masz lat?

Niedługo skończę siedemdziesiąt sześć.

To dużo?

Nie wiem. Szczerze mówiąc, nie czuję specjalnie upływu czasu. W środku mam może ze czterdzieści lat. Prawdopodobnie dlatego, że wciąż jestem na jakiejś fali. I dopóki ta fala trwa, to się nie zastanawiam nad przemijaniem.

Jaką falę masz na myśli?

Twórczą. Wciąż mi przychodzą do głowy nowe pomysły. Ostatnio na przykład, na podstawie moich doświadczeń z ludźmi, których nazywa się „innowatorami społecznymi", doszedłem do wniosku, że pewna cecha ich wyróżnia spośród innych ludzi i można spróbować ją zmierzyć. Ta cecha to jest „zdolność do postrzegania trudnych wyzwań jako wykonalnych". Wszyscy mamy taką zdolność, tylko jedni widzą sprawy jako mniej wykonalne, a inni jako bardziej. No i zacząłem się zastanawiać, jak ułożyć kwestionariusz, żeby można to było zobaczyć na skali. Wymyślanie badania jest podobne do układania puzzli: muszę pokombinować, jak dopasować miarę do konkretnej koncepcji.

I tym razem wpadłem na pomysł, żeby zastosować testy projekcyjne. Opowiada się osobom badanym różne historyjki o bardzo trudnych sytuacjach, a potem zadaje pytanie, czy bohater da radę zmierzyć się z danym wyzwaniem, czy nie. Próbny kwestionariusz daliśmy najpierw dwustu osobom, a potem już zrobiliśmy to na próbie tysiącstoosobowej, reprezentatywnej dla społeczeństwa polskiego.

I co się okazało?

Wyszło nam coś fantastycznego! Okazało się, że kobiety mają statystycznie istotnie wyższy poziom tej cechy! Pojawia się pytanie, czy to się potwierdzi w innych krajach? Ciekawe, co?

Opis tych badań opublikowałem po angielsku i nazwałem tę cechę *possibilitivity*, to taki mój neologizm, zbitka słów *possibility* i *creativity*. Po polsku nie umiem wymyślić dobrego słowa.

A ty jaki masz wynik?

Nie badałem się. Nie mogę przecież, bo znam to narzędzie, wynik będzie niewiarygodny. Ale myślę, że mam bardzo wysoki, bo często porywam się na bardzo trudne rzeczy.

Jak to robisz, że wciąż masz werwę?

Trudne pytanie. Wierzę, że Bóg mi to dał i więcej się nad tym nie zastanawiam. A jeżeli miałbym odpowiedzieć w świecki sposób, to powiem, że po prostu nie odpuszczam. Codziennie robię ćwiczenia. I fizyczne, i mentalne. Stawiam mózg w trudnej sytuacji, żeby musiał się gimnastykować. Stosuję techniki Feldenkraisa, które pobudzają plastyczność obu półkul.

Feldenkrais (fizyk i sportowiec) został w czasie meczu kontuzjowany i miał poważne ograniczenia ruchowe, wymyślił więc własną metodę rehabilitacji, bo chciał nadal grać w piłkę. Wykrył, że większość ograniczeń ruchowych lokuje się w mózgu, a niekoniecznie w mięśniach czy stawach. To w mózgu mamy „zapisane" określone i sztywne plany ruchu – więc jego metoda to jakby „wymienianie dyskietek" w centralnym układzie nerwowym. Korzystam bardzo z jego praktyki.

Naprawdę ćwiczysz codziennie?

Jeżeli poprzedniego dnia sobie wypiję, to następnego nie ćwiczę. Ale z drugiej strony to właśnie wtedy, kiedy spędzam czas wśród przyjaciół i nawet trochę razem wypijemy, przychodzą mi do głowy rozmaite paradoksy i wpadam na różne pomysły.

Co jeszcze ostatnio wymyśliłeś?

Wiesz, co jest istotą kreatywności? Jeśli człowiek potrafi trzymać w głowie dwie sprzeczne idee naraz. Jeśli nie dążę natychmiast do redukcji dysonansu poznawczego, tylko odwrotnie, czuję to napięcie i ono mnie nawet trochę przyjemnie łachocze, to jest tzw. myślenie paradoksalne, inaczej *janusian thinking*, czyli myślenie starego, rzymskiego boga Janusa, który patrzył w tym samym czasie w dwie różne strony. Pomagają też neurotransmitery: dopamina, endorfina, to one „facylitują" lawinę nowych połączeń. Przecież endorfina to nic innego jak endogenna morfina! A dopamina jest przekaźnikiem przyjemności: satysfakcji, podniecenia, ożywienia. Nie ma kreatywności bez przyjemności. Einstein powiedział, że „kreatywność to inteligencja, która się raduje". A u nas w Polsce wszystko jest ponure, poważne. Zresztą nie tylko w Polsce, w Europie. Siedzimy, dyskutujemy, wspominamy, patrzymy w przeszłość. Amerykanie potrafią się cieszyć, wyrażać radość, beztroskę.

Nie mieli u siebie Auschwitz. Łatwiej im z beztroską. A ty z czym wiążesz swoją witalność? Widzisz związek z dzieciństwem?

Oczywiście, że widzę, ale bym przestrzegał przed takimi prostymi skrótami. Kiedy się koniecznie chce jakieś zależności zobaczyć, to zawsze się coś zobaczy. Rzeczywiście, dużo tej witalności wziąłem od rodziców. Oni sobie dali radę w czasie wojny, wykolegowali hitlerowców, a potem stalinowców. Byli pochodzenia żydowskiego, ale mówili biegle po niemiecku, więc ich Niemcy zawsze puszczali. Potem uciekli na teren okupowany przez Sowietów i tam całą wojnę udawali chłopów, więc Stalin też ich nie dorwał (jak brata mamy, który zdradził, że jest z inteligencji).

Po wojnie rodzice wrócili do Polski?

Natychmiast. Żyli z traumą w sercu, bo zginęła cała ich rodzina – wszyscy, którzy zostali. Ale jednocześnie mnóstwo było w nich radości życia. Pamiętam, że nie mogłem w nocy spać, bo jakieś taneczne wieczorki urządzali mi nad głową.

Profesor Michał Głowiński nazywa to poholokaustowym witalizmem.

Żyli bardzo do przodu, i na pewno mam to od nich. To jedno ze źródeł. Wiem, że koniecznie chcesz mówić o moich przeżyciach, a nie o moich pomysłach, chociaż ja uważam, że to pomysły są ciekawsze, bo przecież każdy ma jakieś emocje i przeżycia, ale nie każdy ma pomysły. Skoro jednak koniecznie chcesz wiedzieć, to ci opowiem ciekawą rzecz. Otóż od trzech lat żyję w emocjonalnym dualizmie. Jakby mnie było dwóch. Taka prawie *split personality disorder* (osobowość rozszczepiona).

Otóż trzy lata temu, po czterdziestu jeden latach małżeństwa, zmarła moja żona, Ania. Mamy dwoje dzieci, są wnuki. Przeżyłem to nieszczęśliwie bardzo, bo mieliśmy dobre małżeństwo. I ciągle jestem w rozpaczy, ciągle niepogodzony. Strasznie dużo smutku mam w sobie. I teraz popatrz, jak to się składa – z jednej strony są rozpacz i tęsknota: ciągle z Anią rozmawiam, brakuje mi jej, to jest jak czarna dziura. Ale z drugiej strony, proszę bardzo, mam ciągle nowe pomysły, publikuję, rozwijam się. Znajduję w Anglii badaczkę, która tak się zaciekawiła moimi konceptami, że robi dla mnie badania. To jest sprzeczność nie tylko myśli, ale i emocji. Jak widać, można żyć w paradoksalnej sytuacji, dopuszczając obie sfery.

Mówisz, że jesteś w świadomym konflikcie wewnętrznym.

Niektórzy ludzie dopuszczają do tego, żeby jedna z tych sfer zdominowała wszystko. Na przykład udają, że wszystko jest w porządku, nadrabiają wesołkowatością, żeby zapomnieć. Inni z kolei wpadają w depresję i myślą tylko o swoim nieszczęściu. A mnie się wydaje, że jakoś się pogodziłem, że w moim życiu są dwa nurty. One są różne, trzeba je przeżywać niezależnie i nie powodować, żeby jedno wlazło w drugie. Pierwszy raz formułuję to teraz, w rozmowie z tobą. Nie miałem takiego wglądu dotychczas. Dziękuję, że mnie naprowadzasz na dobry trop.

Jak to zrobiliście, że byliście z Anią czterdzieści jeden lat razem, w szczęśliwym związku?
Kochaliśmy się. I szanowaliśmy. Szacunek odgrywał istotną rolę i to poczucie, że zawsze możemy na sobie polegać. Myśmy się niekoniecznie zgadzali we wszystkim, często się sprzeczaliśmy, ale obcowanie w miłości, nasz szacunek i możność polegania jak na Zawiszy były kręgosłupem naszej rodziny. Ale czy to ciekawe? Każdy ma przecież jakąś rodzinę.

Nie każdemu udaje się w miłości być razem tak długo. To jest sztuka.
Albo dopasowanie. Myśmy się pobrali, kiedy miałem trzydzieści dwa lata, Ania – dwadzieścia osiem. Trochę życia już znaliśmy, to nie była tylko fascynacja. W zasadzie po trzech miesiącach wiedzieliśmy, że to jest to i już.
No ale wybacz, tajemnic alkowy nie będę ci zdradzał.

Wiesz, że psychoterapeuci żyją najdłużej?
Tak? Nie wiedziałem!
Może psychoterapeutom wyrabia się wewnętrzny dystans, który jest taki istotny? Jeśli psychoterapia jest sztuką, to jej kwintesencją jest umiejętność patrzenia poza ramę, *out of the box*. A w tym dystans bardzo pomaga. Zarówno ten czasowy, jak i przestrzenny.

W Europie jest taki trend, żeby zmagać się z problemem, konfrontować z nim. Gdy jest konflikt, to musisz się zawziąć i go rozwiązać. A tymczasem taka postawa akurat blokuje możliwość rozwiązania, bo człowiek zanurzony w problemie jest nim ogarnięty i nie widzi jasno.

Opowiem ci coś bardzo ciekawego! Były takie badania dotyczące dystansu – opowiedziano sporej grupie pewną historię o więźniu. Że jest na dziewiątym piętrze więzienia i chce uciec. Znalazł sznur, który miał połowę długości potrzebnej do ucieczki. Podzielił go na dwie części, związał i zwiał. Pytanie do badanych brzmiało: jak on to zrobił?

Badacze podzielili badanych na dwie grupy i jednej opowiedzieli, że to się zdarzyło tuż za rogiem, w więzieniu niedaleko, a drugiej, że trzysta kilometrów stąd, w Los Angeles. Badali, która grupa częściej wskaże kreatywne rozwiązanie.

Czyli że więzień zamiast przeciąć, rozplótł sznur i uzyskał dwa?

No właśnie. I okazało się, że zdecydowanie więcej osób znajdowało rozwiązanie w tej grupie, która myślała, że wszystko dzieje się daleko. Tej, która myślała, że więzień jest blisko, było trudniej.

Rola dystansu była dla mnie inspiracją, kiedy jako psychoterapeuta pracowałem z rodzinami. Czasami, kiedy nam praca nie szła, pytałem: zgadzacie się na wariackie, nietypowe propozycje? Jeśli tak, to zamknijcie oczy i wyobraźcie sobie, że jesteście rodziną w plemieniu indiańskim, które żyje tysiące kilometrów stąd, w Ameryce, dwa tysiące lat temu. Macie swój wigwam, słyszycie bębenki i wyobraźcie sobie, że przygotowujecie się do spotkania wszystkich rodzin przy ognisku. Każda rodzina przygotowuje się w innym wigwamie. I teraz wyobraźcie sobie, co tam się dzieje: kto komu pomaga, kto komu maluje twarz, jak się przygotowuje ojciec, jak matka, brat. Teraz wyobraźcie sobie, że wychodzicie, idziecie na wielki plac. Coraz głośniej słychać bębenek. Kolejne rodziny tańczą swój rodzinny taniec. Przychodzi wasza kolej, wasz taniec. Wyobraźcie sobie, jak on wygląda, kto prowadzi, kto jest bliżej kogo, czy ktoś jest dalej. Kończy się impreza, wracacie, siadacie. Powoli otwórzcie oczy i opowiedzcie, jak było. Wiesz, jak to wspaniale działało? To była praca na skróty, z natychmiastowymi wglądami (np. poprzez konfigurację „widzianą" w tańcu), ale dzięki dystansowi można było zobaczyć swoje najbardziej represjonowane myśli i doświadczyć tłumionych uczuć.

Może dlatego dopiero teraz możemy mówić bardziej jawnie o Zagładzie? Wychodzą książki _Dalej jest noc_ czy _Był taki piękny, słoneczny dzień_...
Bardzo możliwe. To jest straszny ból, który we mnie też siedzi. Znalazłem, odkopałem grób wujka, który zmarł w łódzkim getcie, tuż przed likwidacją. Trudno było ten grób odnaleźć, ale udało się za pomocą odkopanych fotografii Luftwaffe. Postawiłem wujowi macewę na cmentarzu żydowskim w Łodzi. Niedawno tam było puste pole, teraz są już pojedyncze groby. Wspominam też babcię Rozalię, zamordowaną przez Niemców w Oświęcimiu. To ważna postać w mojej wyobraźni i emocjach. Urodziłem się sam jak palec – wszyscy krewni prócz rodziców zginęli. Marzyłem o babci. W szalonych latach siedemdziesiątych dałem nawet ogłoszenie do gazety, mniej więcej takie: „Młody, zdolny poszukuje kandydatki na babcię". Niby żart, choć teraz widzę, że raczej bolesna prawda.

Ale nie chciałbym żyć tylko tym, żeby mnie ten ból opanował. Trzeba pamiętać, nie zapomnieć, smucić się, przeżywać rozpacz, ale to nie może być wyznacznikiem filozofii myślenia o świecie.

A ze stratą ukochanej osoby można się uporać?
Ja się nie uporałem. Ale to nie znaczy, że to mnie paraliżuje. Po prostu na co dzień mi jej strasznie brak. Czasami z nią

rozmawiam. Na przykład słucham, gdy mi mówi, żebym zwolnił w samochodzie. Wcześniej nie słuchałem.

W jakich sprawach jeszcze jej słuchasz?

Pomińmy to milczeniem.

Może dbasz bardziej o siebie?

Bardziej dbam o porządek w domu. A poza tym żyję normalnie. Wiem, że kiedyś umrę, i nie traktuję tego jak jakieś wielkie halo. Przyjdzie ten moment, że w końcu mnie nie będzie, ale nie ja mam się o to troszczyć, tylko Pan Bóg. Delegowałem Go do tej sprawy, więc nie muszę się już tym tak bardzo zajmować.

Nie przygotowujesz się?

Trochę przygotowuję wnuki. Mówię im, że ludzie odchodzą i że dziadek też kiedyś odejdzie.

Jakbym już wiedział, że mam umrzeć, to zacząłbym swoje sprawy porządkować, ale na razie szkoda mi na to czasu. Moja mama zmarła, gdy miała dziewięćdziesiąt dwa lata i niemal do końca była aktywna. Niestety, gdy umierała, byłem w Ugandzie, nie mogę tego odżałować... Zadzwoniła jednego dnia do Ani, poprosiła, żeby zabrać ją do szpitala. A przedtem wszystko uporządkowała – napisała, gdzie co jest, co trzeba jeszcze opłacić. Zawieziono ją do szpitala i tam sobie leżała, a gdy Ania przyszła w odwiedziny, to opowiadała, że śniły jej się piękne pola z kwiatami. Potem zapytała, czy ładnie wygląda w tej pościeli, i zasnęła. Też bym tak chciał.

A co byś dzisiaj powiedział młodym? Przed czym byś ich przestrzegł?

Przed zbyteczną powagą. Zachęcałbym, żeby uczyli się odpuszczać. Opowiedziałbym, że im poważniejszy jest problem, tym bardziej warto go zostawić, nie zajmować się nim, tylko pisać haiku (jest taka metoda konsultacji biznesowych – pisanie wierszy w najtrudniejszych sytuacjach). I żeby znaleźli w sobie radość, bo bez niej każdy się robi taki wyciśnięty, jak z tubki. Paweł VI pisał, że potrzeba radości jest w sercach wszystkich ludzi. Warto tworzyć wokół siebie bąble beztroski.

A potem można sobie te wiersze nawzajem czytać i rozwiązanie samo się pojawi.

Łatwo ci mówić. Pandemię mamy.
Ja się spotykam z przyjaciółmi w parku. Mam zawsze małpeczkę w kieszeni i nie tylko ja. Tworzymy grupę „habilitowanych meneli parkowych". Przyjmujemy też magistrów. Zapraszam.

Tańczycie?
Niestety nie. Ale gadamy. W każdej opresji możesz zachować okruchy wolności. Czytałem, że w jakimś stalinowskim więzieniu ktoś pisał wiersze na zakurzonym bucie. Ktoś inny rysował w błocie kontury nieistniejących państw i opowiadał o nich historie.

Amerykański profesor węgierskiego pochodzenia Mihály Csíkszentmihályi badał ludzi kreatywnych w różnych dziedzinach: fizyki, matematyki, sztuki itd. Doszedł do wniosku, że ci, którym udało się przeżyć takie najgorsze doświadczenia, zdołali to zrobić, bo potrafili zbudować w sobie wewnętrzny, alternatywny świat. Tworzyli fantazje, wyobrażenia, wymyślali zagadki. I tam, w tej wyobraźni, udawało im się coś ocalić. Ja w każdej sytuacji staram się znaleźć coś pozytywnego, nawet w pandemii.

Jestem wielbicielem pozytywnej konotacji.

I nie boisz się śmierci?
Nie boję się. Czuję się jakoś pogodzony. Wiara mi w tym pomaga.

Jak?

Przede wszystkim wierzę, że będę zbawiony, że będę w niebie, że spotkam tam Anię i innych przyjaciół. Że jest życie po życiu.

Naprawdę w to wierzysz?

Tak.

I to jest kojące?

Na pewno. Wierzę, że jakieś dobro tym wszystkim rządzi. I ja mu ufam.

Chrzest przyjąłem jedenaście lat temu. Ania była katoliczką od pokoleń, ale w końcu postanowiliśmy wziąć ślub kościelny i ja, jakoś tak bardzo po neoficku, mocno wszedłem w tę wiarę. To nam dużo dało, bo Ania przez ostatnich dziesięć lat walczyła z nowotworem, więc potrzebowała oparcia w tej walce.

Przedtem byłeś niewierzący?

Tak, ale wątek Ewangelii wciąż się przewijał w moim życiu. *Jezusa z Nazaretu* Brandstaettera czytałem wiele razy i zawsze jako powieść historyczną. Strasznie mnie fascynowała postać Jezusa. Myślałem dużo o tym, co robił, żeby zyskać zaufanie apostołów i żeby oni się w tym zaufaniu ugruntowali. Żeby nie pozostali w takiej fascynacji, która szybko przemija, tylko żeby ta nauka zakiełkowała po Jego śmierci i zmartwychwstaniu. To mnie zawsze intrygowało.

Poza tym lubiłem chodzić do kościoła, lubiłem uklęknąć, pochylić głowę w pokorze. Wszędzie człowiek stara się być w centrum uwagi, zdobywać uznanie. A tam możesz ukorzyć się i przeprosić. To klęczenie mnie strasznie do kościoła przyciągało. Bo wiesz, z jednej strony jestem wykładowcą, dostaję najwyższe noty za wykłady i jestem z tego dumny. A z drugiej strony podporządkowuję się sile wyższej. W tym jest jakaś równowaga.

Poza tym zawsze mnie fascynował krzyż, pamiętam, jak w dzieciństwie sam robiłem kapliczki. Miałem z pięć lat, stałem przed odpustowym straganem i godzinami patrzyłem na te strasznie kiczowate krzyżyki. Marzyłem, żeby choć jeden spadł, żebym mógł go sobie wziąć. W końcu jeden faktycznie spadł, to podniosłem i oddałem, a ten pan powiedział: weź go sobie. Ja ten krzyżyk potem hołubiłem.

To było we mnie od zawsze. Przed chrztem przez rok rozmawiałem z jednym dominikaninem, który mnie naprowadzał na wiarę. W końcu się ochrzciłem. Ale bez jakichś szaleństw.

Co nazywasz szaleństwem?
Bycie fanatykiem czy dewotem.

I jak się odnajdujesz w tym polskim kościele dzisiaj?
Akurat w tym, gdzie chodzę, to świetnie. Ale największym przeżyciem dla mnie była msza w jednym kościele w Burkina Faso. Jak oni tam śpiewali! Z niesłychaną wiarą i energią.

Miewasz czasem wątpliwości? Kryzysy?
Niespecjalnie. Mam taką naturę, że się nie przejmuję czymś, czego nie ma. Jest tyle ciekawych, tyle pięknych rzeczy, którymi warto się zajmować. Jak przyjdzie jakiś kryzys, np. gdy zachoruję, to będę się przejmował. Może nawet będę panikował, będę gryzł palce, ale na razie nie mam powodu.

A co według ciebie jest w życiu warte starania?
Warto wszystko rzucić w kąt, kiedy trzeba pomóc rodzinie. To oczywiste. Jeżeli trzeba, to zostaję z wnukami, nie trzeba mnie dwa razy prosić. Lubię z wnukami robić różne prace techniczne, mam smykałkę stolarską i wszystkie narzędzia świata, a oni to uwielbiają. To są dwaj chłopcy, dziesięcio- i pięcioletni, więc budujemy razem samoloty, rakiety, domy, studnie. To jest najważniejsze.

A druga rzecz ważna: to warto coś z siebie dać. Światu, ludziom.

Co to znaczy?

Warto być mniej skoncentrowanym na sobie, a bardziej na innych. Wczuwać się, mieć empatię. Bo jak się uda abstrahować od siebie, to daje wielką satysfakcję.

Ja w młodości za bardzo kierowałem się własnym ego, ono mną rządziło. Byłem arogancki. A potem odkryłem, że mogę w ogóle o sobie nie mówić, tylko słuchać. Nie zawsze mi się to udaje, powiedzmy, że to jest taki motyw mojej walki ze sobą. Nadal mam z tym sprawy, ale pracuję nad sobą.

NIE OMIJAJ TEGO, CO TRUDNE

Emanuel Berman

(ur. w 1946 r. w Warszawie)

Psycholog, psychoanalityk szkoleniowy, superwizor w Izraelskim Towarzystwie Psychoanalitycznym, emerytowany wykładowca na Uniwersytecie w Hajfie. Członek wielu międzynarodowych stowarzyszeń psychoanalitycznych. Laureat nagrody Sigourney. Redaktor *Essential Papers on Literature and Psychoanalysis,* autor *Impossible Training: A Relational View of Psychoanalytic Education* (2004). Mieszka w Tel Awiwie.

To, co robiłem kiedyś z pacjentem, dziesięć lat temu, dziś
innemu człowiekowi nie pomaga. Muszę za każdym razem
wszystko wymyślać od nowa.

◆ ◆ ◆

Nie używam tych wszystkich diagnostycznych
kategorii: neurotyk, psychotyk, histeryk. One raczej coś
zasłaniają, niż pomagają, nie objaśniają,
co się dzieje z człowiekiem.

◆ ◆ ◆

W moim pokoleniu była wiara w progres, w to, że historia
idzie w dobrym kierunku. Myślę, że to było złudzenie.

Emanuelu, ile ty właściwie masz lat?
Na wszystkich poziomach mam siedemdziesiąt cztery.
I w środku, i w metryce. Naprawdę wolałbym mieć mniej, ale rozumiem, że taki jest ludzki los i trzeba żyć z tym, co się ma.

Siedemdziesiąt cztery to dużo?
Tak, wolałbym być młodszy. To byłoby miłe mieć przed sobą dłuższą perspektywę. Jak to się zmienia, zobacz... Kiedy miałem dwadzieścia czy dwadzieścia pięć lat, bardzo chciałem być starszy.
Czasami się zastanawiam, kiedy to się zmieniło? Kiedy zacząłem czuć, że już wolałbym być młodszy? Nie wiem dokładnie, może w okolicach czterdziestki?

To taki czas, kiedy zaczyna być widać horyzont. Może dlatego?
Może tak być. Kiedy byłem młody, chciałem szybko wiedzieć wszystko, nie miałem cierpliwości. W okolicach czterdziestki zacząłem pracować poważniej, dokładniej, zyskałem dojrzałość.

Wiesz, że psychoterapeuci są najdłużej aktywni zawodowo?
Naprawdę?
Myślę teraz o analitykach, których znam... Jednak nie wszyscy mają to szczęście, żeby długo zachować zdrowie. Czasami terapeuta jeszcze pracuje, ale tak naprawdę jest już

osłabiony. Znam sytuacje, kiedy człowiek miał alzheimera i nie bardzo pamiętał fakty, a jednak jeszcze pracował. Może czuł, że bardzo chce? Tylko że wtedy to już nie było takie pomocne dla pacjentów.

Jednak wielu psychoterapeutów pracuje bardzo długo w wielkiej sprawności. Jak myślisz, co was tak ożywia?
To jest po prostu bardzo ciekawy zawód. Spotykam się z ludźmi, ale na takim dużo głębszym poziomie. Każdy pacjent ma inną historię, inne konflikty wewnętrzne, więc w każdym spotkaniu jest coś nowego. Każdy człowiek jest wyjątkowy i niepodobny do innych. Z tego też powodu raczej nie używam tych wszystkich psychiatrycznych i diagnostycznych kategorii: neurotyk, psychotyk, histeryk. One raczej coś zasłaniają, niż pomagają, nie objaśniają, co się dzieje z danym człowiekiem.
Nie pomagają rozumieć.

Z każdym pacjentem rozpoczynasz nową podróż?
Tak.
Thomas Ogden mówi, że dla każdego pacjenta trzeba od nowa wynaleźć psychoanalizę. To, co robiłem kiedyś, z kimś, dziesięć lat temu, dziś innemu człowiekowi nie pomaga. Muszę za każdym razem wszystko wymyślać od nowa.

Może to jest takie ożywcze?
Bardzo możliwe. Bo tu się nic nie powtarza. Dlatego się nie nudzi.

A dlaczego wybrałeś ten właśnie zawód?
Od zawsze mnie to ciekawiło. Na początku antropologia i socjologia potem stopniowo coraz ważniejsza stawała się psychologia, a zwłaszcza kierunek teoretyczno-analityczny.
Mój ojciec też był psychologiem, zrobił doktorat na Uniwersytecie Warszawskim. Po wojnie zmienił zawód, był

dziennikarzem, działał w polityce. Może miałem poczucie, że skoro on przerwał, ja to pociągnę dalej? Nie wiem, jak dokładnie było, ale prawdopodobnie miał jakiś wpływ na mnie.

I wszedłeś w psychoanalizę.

Czułem, że to jest najbardziej aktywna część psychologii, ciekawa, urozmaicona – zobacz, jak wiele jest różnych kierunków, to bardzo wzbogaca moje myślenie. Można mieć wolność, szukać tego, co dla każdego jest przekonujące, twórcze.

Jaka jest twoja ścieżka?

Mam kilku autorów – oprócz Freuda – którzy są dla mnie ważni. Jego uczeń Sándor Ferenczi jest bardzo ciekawy, ciekawe są wszystkie kierunki relacyjne, intersubiektywne. Takie, w których przyglądamy się zarówno doświadczeniu pacjenta, jak i doświadczeniu analityka i temu, jak one nawzajem na siebie wpływają. Tu nie ma dogmatów ani sztywnych reguł. Istotne jest badanie potrzeb każdego pacjenta bez popadania w pułapkę i redukowania człowieka do jakichś powtarzalnych motywów. Zauważyłem też, że każdy teoretyk ma swoje słabsze i mocniejsze punkty. Więc jeśli ktoś staje się oddany tylko jednemu kierunkowi, to coś traci. Warto czytać różne rzeczy, słuchać różnych ludzi, mieć superwizję u różnych nauczycieli. I znaleźć swoją kombinację. Dla mnie inspirujące są teksty Donalda W. Winnicotta, Michaela Balinta, Thomasa Ogdena, Stephena Mitchella. Czytam, myślę, zastanawiam się i stale szukam mojego osobistego stylu pracy z pacjentami.

A czy przemijanie to jest coś, o czym myślisz na co dzień?

Czasami myślę, ale nie intensywnie. To nie jest specjalnie atrakcyjny temat, ale trzeba być w kontakcie z tym, co się naprawdę dzieje dookoła. I w sobie, i w drugim człowieku. I nie omijać tego, co trudne. Chodzi o to, by nie budować fantastycznych, a zarazem fałszywych iluzji.

Ostrzegasz, żeby nie budować iluzji, ale gdybyśmy byli cały czas w kontakcie z tym, że i tak umrzemy, to żyłoby nam się bardzo trudno.
Dlatego nie myślę o tym codziennie. Ale jednak świadomość przemijania jest.

Jak ona wpływa na twoje codzienne życie? Robisz porządki?
Staram się raczej myśleć, jak mam wybierać – co jest ważne, co mniej ważne. Staram się nie tracić czasu na rzeczy, które w końcu okazują się mało znaczące.

A które są znaczące?
Bliskie relacje osobiste – rodzinne, romantyczne, przyjacielskie. Znaczące są te zasadnicze tematy zawodowe, te, w których mamy naprawdę coś nowego do powiedzenia. Na przykład w przeszłości dość lubiłem jeździć za granicę, prowadziłem w różnych krajach seminaria, superwizje. Dziś myślę, że to nie jest takie istotne.

Jak dokonujesz tego wyboru? Skąd wiesz, co jest ważne, a co nie?
Opieram się na swojej intuicji. Kiedy mnie proszą, żebym coś napisał do czasopisma czy do książki, to zanim się zgodzę, najpierw próbuję się zastanowić, czy naprawdę mam coś nowego do powiedzenia. Czy chcę coś napisać dla sławy, czy może żeby mieć dobre stosunki z kimś, kto mnie prosi? Jeśli tak, uznaję to za nieważne. Piszę wtedy, gdy mam naprawdę jakąś odkrywczą myśl. A nie po to, żeby mnie zaproszono na kolejną konferencję. Kiedyś byłem bardzo czynny w różnych organizacjach: byłem prezesem, sekretarzem etc. W ostatnich latach niczego takiego się już nie podejmuję. Te polityczne sprawy zabierają czas, energię, nerwy. Już zrobiłem dosyć.

Czy psychoterapeuci powinni zabierać głos w sprawach politycznych? Mają wiedzę na temat zjawisk, które zachodzą w grupach, wiedzą, jak rodzi się przemoc. Powinni przestrzec?

Trzeba swojej wiedzy używać ostrożnie. Nie możemy mówić ludziom, na kogo mają głosować. Również ze względu na naszych pacjentów. Jeżeli napiszę coś o naszym premierze – którego bardzo nie lubię – w polskiej gazecie, to nie będzie mieć wpływu na moich pacjentów w Izraelu. Ale jeżeli będę pisał w Izraelu, to dla niektórych moich pacjentów może być bolesne. Psychoanalityk może się wypowiadać publicznie w sprawach zasadniczych.

A które są zasadnicze?

Demokracja, wolność prasy, prawa człowieka, wolność do życia po swojemu, prawa kobiet, prawa mniejszości. Jeżeli tysiąc ludzi popiera jakiegoś kandydata i jeszcze jeden analityk też go poprze, to nie będzie w żaden sposób znaczące, ale jeżeli można powiedzieć coś, co rozjaśni bardziej jakieś zasadnicze sprawy, to może warto.

Zdarzyło ci się zabierać głos w sprawach publicznych?

Nie ostatnio, ale tak. Mówiłem, że demokracja jest wartością, że trzeba o nią dbać, troszczyć się. Myślę też, że nie warto chodzić na łatwiznę. Na przykład krytyka kierunków prawicowych dla kogoś tak lewicowego jak ja jest łatwa, ale niewiele wnosi. Trudniej krytykować problematyczne aspekty lewicy, a to z kolei jest bardzo ważne. Jeżeli czuję, że coś jest nazbyt dogmatyczne albo że politycy nie słyszą niektórych ważnych głosów, to mówię o tym. Jest istotne, żeby dyskutować otwarcie.

Przyglądasz się temu, co się dzieje w Polsce?

Tak. I jest mi bardzo smutno. Nacjonalizm jest destrukcyjny dla każdego społeczeństwa. To dotyczy tak samo Polski, jak i Izraela.

Jak rozumiesz to, co się teraz dzieje?

Ten rząd jest populistyczny i nacjonalistyczny – to niestety w historii ludzkości nic nowego. Pewnie można się było tego spodziewać, ale bardzo przykro patrzeć, że sprawy idą w destrukcyjnym kierunku.

Nie jestem ekspertem w sprawach polskich, ale rozumiem, że istotną rolę odgrywa tu kwestia Kościoła i religii. Religia czasami wspiera kierunki, które nie są specjalnie demokratyczne, np. poprzez wymaganie posłuszeństwa, podporządkowania się, poprzez brak uznania wolności jednostki jako wartości. Myślę, że jeśli ma się poczucie, że „mój naród jest najważniejszy", to wtedy mniej się myśli o innych narodach, o ludzkości w ogóle, o świecie. Naród bywa na kogoś obrażony, może nie chcieć czegoś widzieć. W Polsce i w Izraelu widzę wspólne elementy.

Co jest wspólnego?

To poczucie, że „mój naród był ofiarą", więc teraz musi być bardzo mocny, musi mieć siłę. A zyskiwanie poczucia siły odbywa się zwykle cudzym kosztem.

Może tu chodzi o to, by pozycję bierną (ofiara przemocy) zamienić na aktywną (sprawca przemocy)?

Bardzo możliwe. Ferenczi pisał o zjawisku „identyfikacji z agresorem", która może prowadzić do tragedii.

I co będzie dalej?

Na razie nie wiemy. Historia się toczy. To nie jest bardzo oryginalne, co powiem, ale myślę, że na to, co działo się po drugiej wojnie światowej, ogromny wpływ miało doświadczenie traumy. Ludzie zobaczyli, czym jest nazizm, faszyzm, Zagłada. Powszechne było poczucie, że nie można pozwolić, żeby coś takiego się powtórzyło. Może było więcej troski? Teraz, dla większości obywateli, to jest przeszłość. Ci, co pamiętali wojnę, już nie żyją. Pamięć zgrozy osłabła.

Ale przecież nadal nad naszymi rodzinami wisi cień tamtych śmierci...

To prawda. Teraz jestem tego bardzo świadom. W młodości niedużo o tym myślałem – chciałem się uczyć, rozwijać, nie myślałem o historii mojej rodziny. Pamiętam, jak w Stanach Zjednoczonych byłem na seminarium z terapii rodzinnej i jak instruktor poprosił, żeby każdy student narysował swój genogram, takie pogłębione drzewo genealogiczne. Narysowałem to i wtedy dopiero, całkiem nagle, zauważyłem, że w moim genogramie jest dużo więcej osób nieżyjących niż żywych.

Naprawdę mam świadomość, że sprawy mogą pójść w złym, bardzo groźnym kierunku. Moi przodkowie sto lat temu żyli sobie dość spokojnie, a potem nagle ich życie zupełnie się obróciło i tylko nieliczni przeżyli. Nigdy nie można być pewnym, że nie nastąpi katastrofa, która zupełnie zmieni nasze życie.

To jest taki cień, który w każdym momencie ma na mnie wpływ, nawet jeśli o tym stale nie myślę.

Oczywiście trochę uogólniam – drugie pokolenie jest bardzo urozmaicone. Zresztą pierwsze też, nie wszyscy byli zupełnie bezradni. Na przykład moi rodzice w czasie okupacji byli bardzo czynni, ocalili wielu ludzi, nie poddali się. Przeszli na czas z getta na aryjską stronę, byli związani z wieloma ludźmi, nie byli sami. Ja też nigdy nie byłem pasywny.

Znałeś ich historię?

Tak, bardzo dobrze. Matka spisała swoje doświadczenia okupacyjne, zostały wydane jako *Dziennik z podziemia*. Ukazały się po polsku, po hebrajsku, nawet po angielsku. Ojciec też sporo opowiadał. Oczywiście oboje mieli dużo szczęścia, bez tego by im się w Polsce nie udało przeżyć okupacji.

Od dawna przyjeżdżasz do Polski. Lubisz to?

Bardzo. To ważny aspekt mojej tożsamości, część mojego życia. Jestem wciąż polskim obywatelem. Wyjechałem, kiedy miałem cztery lata. W domu mówiliśmy po polsku. Byłem nietypowym synem emigrantów, bo bardzo chciałem utrzymać więzi z miejscem urodzenia. Chciałem, żeby coś zostało. Zacząłem czytać polską literaturę, poezję. Pierwszy raz przyjechałem, jak miałem piętnaście lat, i wszystko w Polsce mnie bardzo ciekawiło, kiedy tylko mogłem, chodziłem do teatru.

Ma dla mnie znaczenie, że w Polsce jest mój początek, moje korzenie, a więc i ja sam.

Jakieś dwadzieścia lat temu zacząłem mieć też kontakty zawodowe z polskimi psychoanalitykami, wtedy polepszył się mój język polski. To zresztą jest ciekawe, bo gdy mówię po hebrajsku, to mam wyraźny polski akcent.

Opowiem ci anegdotę. Kiedyś w Stanach stoję na dziedzińcu uniwersytetu, rozmawiam z kolegą po angielsku i w pewnym momencie podchodzi do mnie jakiś facet, którego w ogóle nie znałem, i mówi: przepraszam, chciałem tylko zapytać, czy ty się urodziłeś w Polsce, potem żyłeś w Izraelu i teraz jesteś tutaj? Byłem zdumiony, skąd on to wie. A on na to, że jest profesorem lingwistyki i jego specjalizacja to akcenty.

Miałem dobrego przyjaciela, który niestety już nie żyje. Przyjechał do Izraela, kiedy miał siedem czy osiem lat, i zupełnie zapomniał polskiego. Miał absolutnie hebrajski akcent. Dużo o tym rozmawialiśmy – dla niego istotne było rozpoczęcie wszystkiego od nowa, a dla mnie istotna była ciągłość. Jako dziecko oczywiście nie byłem tego świadom, teraz widzę, że po prostu nie chciałem tej polskiej części stracić…

Wróćmy do tematu przemijania. Powiedz mi, jak sobie radzisz z kolejnymi utratami?
Wielu bliskich mi ludzi już nie ma i mnie to boli, ale ja o nich pamiętam, nie zapominam. Rozumiem, że takie jest życie i nie ma na to rady.

Im dłużej żyjemy, tym więcej tracimy...

Znam parę osób w wieku osiemdziesięciu i dziewięćdziesięciu lat, one często mówią, że z ich pokolenia już prawie nikt nie został. Czasami człowiek zostaje jedyny w swoim otoczeniu. Z jednej strony dobrze żyć dłużej, z drugiej – są koszty.

Myślałeś kiedyś o tym, ile to jest „wystarczająco długo"?

Ponieważ wiem, że nie mogę o tym decydować, to nawet nie próbuję o tym myśleć. Chciałbym żyć dłużej, ale tylko jeżeli będę w dobrej kondycji. Życie z alzheimerem, kiedy człowiek nawet nie pamięta, kim jest i kim są bliscy, nie jest warte życia.

A w ostatecznym rozrachunku co według ciebie jest warte starania?

Relacje z bliskimi. Twórczość. Warto próbować myśleć o rzeczach w nowy sposób, wychodzić poza schematy. Można próbować poprawiać to, co możemy. Ale nigdy nie wiesz, czy w kolejnym pokoleniu to się jeszcze będzie trzymało. Zmiany są kruche, a sprawy w toku. Nigdy nie wiemy, co będzie później.

Próbowanie jest działaniem na rzecz nadziei?

Tak. Ale nie możesz mieć gwarancji. W moim pokoleniu, w poprzednich pokoleniach, była wiara w progres, w to, że historia idzie w dobrym kierunku. Myślę, że to było złudzenie. Nie można być pewnym, że sprawy się polepszą. Możemy się tylko starać, żeby tak było. I warto się starać, mając jednocześnie realistyczną perspektywę, że nic nie jest pewne. Czasami niby się udaje, a za chwilę okazuje się, że wręcz przeciwnie. Myślę o marksizmie, o syjonizmie. To były mocne prądy w mojej rodzinie – jednak rzeczywistość okazała się zupełnie inna niż to, jak ją wymyślono.

Jeżeli mamy jakąś teorię czy ideologię, musimy dobrze się przyjrzeć, jakie są w niej niebezpieczne punkty. Przykład syjonizmu jest bardzo dobry. To był potężny ruch, który miał na celu zmienić los Żydów, ale od początku opierał się na złudzeniu, bo przyjęto, że „Palestyna jest pusta i my tam stworzymy nowe życie". Tyle że Palestyna nie była pusta. Stworzono konflikt, który nie wiadomo, kiedy się skończy, a na razie przynosi pełno ofiar obu stronom. Może gdyby perspektywa była bardziej realistyczna: „Jeżeli chcemy tam żyć, to musimy znaleźć drogę współżycia z drugą stroną", to nie byłoby tylu ofiar? Niestety końca tego konfliktu nie widać. Z utopiami trzeba więc być bardzo ostrożnym.

NIE POZWÓL SIĘ WEWNĘTRZNIE ZGNĘBIĆ

Michał Łapiński

(ur. w 1941 r. w Warszawie)

Psychoanalityk szkoleniowy, członek Australijskiego Towarzystwa
Psychoanalitycznego oraz innych stowarzyszeń profesjonalnych.
Wyemigrował wraz z rodziną do Australii w 1984 r. Osiedlił się
w Melbourne, gdzie prowadził prywatną praktykę psychoanalityczną.
Zajmował się nauczaniem akademickim i klinicznym, również w Polsce.
Autor wielu artykułów i redaktor merytoryczny prac Wilfrieda Biona
wydanych w Polsce. Napisał wspomnienia (opublikowane w książce
Jak Feniks z popiołów); pisze wiersze po polsku i po angielsku, a ostatnio
opowiadania (jedno z nich znalazło się w zbiorze *The Analyst as
Storyteller*). Obecnie jest u progu zasłużonej emerytury.

Gdy się mówi o odcięciu, to czuję, że to jest coś
negatywnego. A tymczasem od rzeczy, które są niedobre
i niepotrzebne, warto się oddzielić, nie warto w nich tkwić.

◆ ◆ ◆

Uważa się, że jest cnotą, gdy się pracuje dużo,
a odpoczynek i przyjemność to grzech. Nie, ja temu już nie
ulegam. Ale musiałem dostać nauczkę.

◆ ◆ ◆

Nie chodzi o to, żeby stwarzać wielkie rzeczy, tylko żeby
starać się robić jak najlepiej to, co możemy. Nawet jeśli
czasem nam nie wyjdzie.

Panie Michale, ile pan ma lat w środku?
Na ile się czuję? Odpowiem bez większego zastanowienia
– gdzieś między czterdzieści a pięćdziesiąt.

To dużo czy mało?
Średnio.

A co mówi pańska metryka?
Jestem dzieckiem wojny, urodziłem się w 1941 roku.

Jak to się dzieje, że jest taka różnica między tym, co mówi metryka, a tym, co pan przeżywa?
Nie wiem. Nie chcę mówić banałów. Może to jakaś młodość
ducha? Może pomaga zainteresowanie światem? Oczywiście zdaję sobie sprawę, że mój wiek kalendarzowy, fizyczny
nie odpowiada temu, co tak sobie luźno, pewnie życzenio-
wo, określam. Widzę, że moja sprawność fizyczna, psychicz-
na maleje. I wiem, że trzeba się z ograniczeniami i stratami
pogodzić, co zresztą ma w pewnym sensie miejsce w każdym wieku. W moim przypadku wiek średni był przełomo-
wy pod tym względem.

Dlaczego?
Bo wyjechaliśmy z Polski. To był nasz *midlife crisis*. Kryzys
Polski i kryzys osobisty. Rok 1983 – oboje byliśmy po czter-
dziestce, z dwójką dzieci: syn miał sześć, córka dziesięć lat.

Midlife crisis czasem prowadzi do tego, że się umiera, a czasem zyskuje się nowe życie. Ale bez poczucia straty się nie obejdzie. A myśmy rzeczywiście zyskali nowe życie.

Można powiedzieć, że poradziliśmy sobie nieźle. Sytuacja była skrajnie trudna, wyjazd nie był łatwy i myśmy się wcale do niego nie palili. Ale mieliśmy poczucie, że jest konieczny. Nie wyobrażaliśmy sobie, jak moglibyśmy żyć w takim kraju, jakim Polska się stała, kraju, który wyglądał, jakby sam zaraz miał umrzeć. Nie chcieliśmy, by w takich warunkach dorastały nasze dzieci. Nic wtedy nie wskazywało, że za parę lat nastąpi taka kolosalna zmiana. Nie wydawała się w ogóle możliwa. A ludzie wtedy naprawdę przedwcześnie umierali. W gronie osób nam znanych były takie, które popełniły samobójstwo, inne poważnie chorowały, zmarły na raka...

Okropny czas. Wszechogarniającej martwoty.
Myśmy się nie bali tak bardzo o swoje zdrowie, ale musieliśmy sobie radzić z depresją, z poczuciem beznadziejności. W końcu podjęliśmy decyzję i nigdy tej decyzji nie żałowaliśmy, mimo że są rzeczy, których już się nie udało odzyskać. Na przykład przyjaźnie. Niestety.

Jak się podejmuje decyzję, która waży na całym życiu?
W tym przypadku boleśnie. Ale zanim do niej doszło, był stan wojenny. Dużo czasu spędzaliśmy na rozmowach z przyjaciółmi, te „nocne rodaków rozmowy" były bardzo ważne. Podtrzymywane *nota bene* winem domowej roboty. Produkowanie własnego alkoholu było może trywialną, ale wówczas jakoś znaczącą formą protestu przeciwko reżimowi, ponieważ zabraniano nam nie tylko swobody i dostępu do dóbr kultury, ale nawet do dobrego alkoholu. Były to trudne chwile...

Omawialiście sytuację niepewności z różnych stron, bo nie wiadomo było, na co się zdecydujecie?

Tak, wtedy nic nie było wiadomo. Poprzez moje kontakty w Londynie udało mi się załatwić wyjazd na staż zawodowy, dostałem paszport służbowy. Wyjechałem na ten staż, rodzina została w Polsce. Ponieważ był to oficjalny wyjazd, po trzech miesiącach oni mogli do mnie przyjechać i to była ta furtka. Jak już się wszyscy znaleźliśmy w Londynie, to mogliśmy się zastanowić, czy nie wykorzystać szansy.

I co przeważyło?

Wówczas byliśmy już bardzo zdeterminowani. Mogliśmy wrócić do Polski, ale nie widzieliśmy tam miejsca ani dla siebie, ani dla naszych dzieci. Ja już w tamtym czasie pracowałem intensywnie jako psychoanalityk. To były moje początki, a jednocześnie początki powojennej psychoanalizy w Polsce. Nie byłem pewien, czy w Polsce, w tamtej atmosferze depresji i ograniczeń, będę to w stanie dalej rozwijać.

Ale zostawienie tego wszystkiego było okropnie trudne. Były osoby, które mi wyrzucały, że je zawiodłem, opuściłem. Szczęśliwie Rasztów, czyli ośrodek, którym wówczas kierowałem, mógł już dobrze funkcjonować beze mnie. Inne osoby przejęły kierownictwo – była tam grupa doświadczonych psychoterapeutów i praca przebiegała bardzo sprawnie. Tym niemniej moje odejście było dla zespołu stratą.

Jak wasza rodzina odnalazła się w Londynie?

Najważniejsze było, że odnaleźliśmy siebie, że byliśmy razem. Ale mimo życzliwego przyjęcia i pomocy, jakiej w Anglii doświadczyliśmy, zarówno ja, jak i moja rodzina mieliśmy poczucie, że to jest kraj, w którym ciężko byłoby nam, imigrantom, znaleźć sobie miejsce na stałe. Wiedzieliśmy, że tam nie zostaniemy.

Natomiast Australia, na podstawie informacji, które zebraliśmy, wyglądała, jakby była dla nas, i przyjazd tam wspominamy jak coś wspaniałego. Od razu poczuliśmy, że szczęśliwie wylądowaliśmy w innym, pięknym świecie. Z Londynu, w którym było zimno i paskudnie, po całodobowej podróży znaleźliśmy się w Adelajdzie, w środku lata. Tam lato jest piękne, suche, słoneczne. Na dworcu przywitał nas dyrektor szpitala, w którym miałem pracować, i zawiózł do domu, stającego na terenie szpitala, na uboczu, z dala od oddziałów. Trzy pokoje – to było coś wspaniałego. Mieliśmy miejsce dla siebie.

Od razu zaczął pan pracować z pacjentami?
Tak. Już po paru dniach byłem na oddziale, w zupełnie nowym dla siebie środowisku, ale w bardzo przyjaznej atmosferze. To życzliwe przyjęcie stało się dla nas jedną z charakterystyk Australii. A z językiem można sobie poradzić. Z uczuciem obcości też można sobie poradzić. W Anglii nie wyobrażaliśmy sobie, byśmy mogli się znaleźć na równi z osobami, które się tam urodziły. Natomiast Australia była od zarania – i nadal jest – krajem emigrantów. Gdy już cię przyjmują, to cię przyjmują. Może to nie jest polska serdeczność czy śródziemnomorska wylewność, ale jest życzliwość i uczynność, a ludzie na co dzień traktują się miło.

Wspomniany dyrektor szpitala zapoznał nas z dwiema osobami z personelu, które mówiły po polsku i bardzo pomogły w stawianiu pierwszych kroków. Natomiast na oddziale nie miałem żadnej taryfy ulgowej. Powiedziano mi: będziesz miał tego pacjenta, a to jest pielęgniarka, z którą będziesz współpracować. I musiałem sobie radzić.

Jak pan sobie radził?
Początki były trudne. Musiałem się dużo nauczyć – tutaj zupełnie inaczej niż w Polsce prezentowało się pacjentów, inna była atmosfera na oddziałach psychiatrycznych – bardzo otwarta. Ale nikt mnie za rączkę nie prowadził.

A jak się życie poza pracą układało?
Od początku byliśmy z niego bardzo zadowoleni, mimo ograniczeń. Pieniędzy mieliśmy mało, ale na wszystko, czego potrzebowaliśmy, było nas stać. Okazało się, że w Australii można żyć całkiem skromnie, a zarazem zupełnie wygodnie. Oczywiście gdy ma się więcej pieniędzy, to ma się większy wybór, ale nie mieliśmy poczucia gorszości, w ogóle. Kupowaliśmy dobre jedzenie i nawet wino do obiadu! Dzieci chodziły do szkoły, podobało im się. Pierwsze kroki na emigracji były trudne, ale dawały nadzieję na dobrą przyszłość.

Wrócił pan do psychoanalizy?
Był to mój najważniejszy cel i tutaj też się udało. Nie dane mi było kontynuować ją w Polsce, ale mogłem się jej w pełni poświęcić w Australii. Ułatwiło przeniesienie się do Melbourne, gdzie początkowo przez szereg lat pracowałem w sektorze publicznym. Najpierw byłem dyrektorem ośrodka psychoterapii, który zajmował się szkoleniem psychoterapeutów, potem prowadziłem razem z kilkoma kolegami uniwersytecki kurs studiów psychoanalitycznych. Równocześnie rozwijałem prywatną praktykę, której w końcu się poświęciłem.

To była najważniejsza decyzja w pana życiu, ten wyjazd?
Patrząc z dystansu na moje życie, myślę, że niezwykle ważna. Dziś jej waga się zmniejszyła, jesteśmy tu całkiem zadomowieni. Żyjemy w Australii ponad trzydzieści pięć lat.

Na pewno wszyscyśmy jakoś z powodu tego wyjazdu ucierpieli. Ale nigdy nie mieliśmy poczucia, że jesteśmy w złym miejscu czy że chcemy wracać do Polski.

A czego brakowało?
Tego wszystkiego, co uznaliśmy za stracone. Oczywiście, że było co opłakiwać i było nad czym cierpieć, ale mieliśmy poczucie, że powrotu nie ma.

Co opłakiwaliście?

Rzeczy znajome, bliskie. Nawet nasze mieszkanie, które po wielu latach czekania dostaliśmy na Ursynowie. Atmosferę. A przede wszystkim przyjaciół. W Australii trudno było to odzyskać i właściwie do dziś nie nawiązaliśmy tu jakichś głębszych przyjaźni.

Nie prowadzicie „nocnych rodaków rozmów"?

W ogóle nie ma takiej rozmowy. Tutaj nie wychodzi się poza rzeczy zdawkowe – mogą być nawet ciekawe, ale jednak powierzchowne. Unika się tematów poważniejszych, kontrowersyjnych. Ale już się przyzwyczailiśmy.

A za czym się tęskni?

Za dobrym razowym chlebem z białym serem i miodem. Nie żartuję.

Za smakami dzieciństwa?

Za swojskością. Za smakami, które trudno jest odtworzyć. To nie to samo, co twarożki tutejsze. Trzeba jednak zaznaczyć, że nie są to tęsknoty dojmujące. Poza tym odkrywa się wiele nowych, egzotycznych smaków.

A czym jest dziś Polska dla pana?

Ważnym miejscem. W ciągu ostatnich lat spędzamy w Polsce po kilka miesięcy w roku. Niestety teraz to jest niemożliwe z powodu pandemii, bardzo nad tym boleję.

Dłuższy czas nie chcieliśmy wracać. Najpierw zwyczajnie się baliśmy. A po '89 roku rozpoczął się stopniowy proces odnawiania czegoś, z czym straciliśmy związek. Pojawiają mi się w głowie pytania, czy myśmy zdradzili tę Polskę? Czy może to ona nas zawiodła? Można by o tym dyskutować, prawda?

Mnie boli i rozczarowuje.
A jak się do niej wraca po takim zerwaniu?

Na początku było poczucie obcości. Musiałem sobie poradzić z niechęcią, musiałem ją przezwyciężyć. Naprawdę nie chciałem tam jechać.

Dlaczego ta niechęć była taka silna?
Myślę, że to było związane z tym, co w moim poczuciu stało się z Polską. Aspiracje i nadzieje, jakie doszły do głosu dzięki Solidarności, zostały zniweczone. Dla mnie, dla nas, którzy przeżyliśmy w Polsce czterdzieści lat i przechodziliśmy przez kolejne kryzysy, wydawało się, że to ostatnia szansa. Tym razem, po raz pierwszy w naszym życiu, wydawała się wiarygodna. I ona została zrujnowana, zduszona własnymi rękoma. Do tych ruin, które w efekcie zostały, również w naszych uczuciach, nie chciało się wracać. Zwłaszcza z tego nowego, dobrego życia.

Wpłynęły też na to moje relacje z ojcem. Trudno było mi wybaczyć sposób, w jaki zareagował na nasz wyjazd. Uważał, że to zdrada ideałów, które on wyznawał. To kwestia psychologii mojego ojca, ale także pewnych postaw polskich, które są dla mnie obce i wobec których jestem bardzo krytyczny.

W tej chwili to odżywa. Przeraża mnie ten szowinizm, ubieranie się w piórka wyższości, pogarda dla innych, niechęć do odmienności. To są cechy, które niestety też miał mój ojciec – był dość apodyktyczny, nietolerancyjny, zadufany w sobie. I to się dziś nazywa polskością, patriotyzmem! Dla mnie jest to trudne do zniesienia.

Jak więc doszło do pierwszych powrotów?
Więc żona pojechała pierwsza. Wrażenia, jakie przywiozła z Polski, mnie zachęciły. Przywiozła wieści, że coś się zasadniczo zmieniło, że jest nadzieja na inną Polskę, wreszcie, wreszcie.

W sumie było chyba tak, jakbyśmy się z Polską od siebie oddzielili, a teraz trzeba było się wydobyć z tego oddzielenia, jakoś wychynąć, żeby do siebie wrócić. Nas ta inna część świata wchłonęła i musieliśmy się trochę z niej wydobyć.

Jednak tu są antypody, mieszkamy fizycznie daleko. I również bardzo daleko psychologicznie. Zresztą tak chcieliśmy – wyjechać jak najdalej. Żeby być jak najdalej od tego, czym się Polska stała, co się stało z nadziejami, co się stało z możliwością demokracji, co się stało z tymi dobrymi rzeczami, które – wydawało się – zaczęły się rodzić w narodzie.

I jak to było przyjechać po raz pierwszy? Udało się przełamać niechęć?

Musieliśmy do tego dojrzeć. Jak widać, potrzebowałem najpierw zbadać grunt. W 1989 roku pojechałem więc do Rzymu na kongres psychoanalityczny i tam spotkałem kilka osób z Polski. Po kilku latach przyjechałem sam, dwa razy i na krótko – przy okazji jakichś konferencji. Na początku nie byłem zachwycony, wydawało mi się, że jest brudno, brzydko, nieciekawie.

Jednak spotkania z ludźmi były fajne. Wie pani, jak dziwne są spotkania z przyjaciółmi po dwudziestu latach? Znakomicie opisuje to Proust, w ostatnim tomie swojej epopei – spotyka się z tymi samymi osobami, które znał wiele lat temu. I to jest niesamowite, jego precyzyjny wgląd w tę dziwną strukturę czasu. To było bardzo, bardzo dziwne doświadczenie. Czy jest to ta sama osoba? Czy już inna? Czy to, co nas łączyło, jeszcze istnieje czy już nie? Z jednej strony istnieje, bo przecież kiedyś nas bardzo dużo łączyło, wiele razem przeżyliśmy, mamy moc wspólnych powiązań. Ale z drugiej strony to jest ktoś inny, kto żył w innym świecie.

Polska to nie tylko drugi koniec świata, to świat inny w sensie historycznym. Jest zupełnie inna niż ta, którą zostawialiśmy.

Na początku czułem się dość obco... Ale potem stopniowo wracało poczucie kontaktu – wtedy, gdy udawało się odnaleźć coś wspólnego w kimś, z kim się długo nie widziałem, a kto niegdyś był mi bliski. Potem, czasem nawet po dłuższej przerwie, było tak, jakbyśmy się widzieli tydzień temu.

Taka iluzja.

W sensie czasu niewątpliwie, a jednocześnie prawda, bo udawało się nawiązać do tego, co było między ludźmi bliskimi sobie i co jednak pozostało. Można było odnaleźć to w nowy sposób, w nowym kontekście. Można było sporo odzyskać, choć trudno było to utrzymać. W końcu ich doświadczenia przez ten cały czas, który minął, były zupełnie inne niż nasze; oni mieli swoje życie, my swoje i pod wieloma względami odmienne. Poza tym wracając, chcieliśmy nawiązać kontakt z tą nową Polską. Pewnie dlatego interesowaliśmy się życiem naszych przyjaciół i znajomych, natomiast oni naszym, w Australii, z reguły nie bardzo.

Nauczyliśmy się akceptować, że każdy ma swój punkt odniesienia, i nie należy oczekiwać, żeby przyjął odmienny. My na Polskę patrzymy z pozycji emigrantów, z wygodnego i bezpiecznego miejsca w Australii, gdzie jest nasz dom, do którego powracamy. Należymy do innego świata, a w świecie polskim tylko okresowo gościmy. Formalnie mamy prawo głosu i inne prawa przysługujące obywatelom, ale nie powinniśmy zabierać głosu w sprawach, w których nie uczestniczymy. To byłoby nie *fair*.

Powroty nas tego wszystkiego, o czym mówię, stopniowo uczyły. Odpowiadania na pytanie, czym Polska jest dla nas i gdzie jest nasze miejsce. Pomogła nam podróż, którą odbyliśmy z żoną w 1999 roku. Postanowiliśmy wtedy odwiedzić nasze miejsca rodzinne. Dla żony to była Bydgoszcz i miejsca, w których żyła w czasie wojny i tuż po. Ja

chciałem jechać do Łodzi, gdzie mieszkaliśmy po wojnie,
tam też rozpocząłem studia. Poszedłem nawet do mieszkania, w którym mieszkaliśmy, kiedy byłem chłopcem. Z tego,
co było, zostało bardzo niewiele. Było to bardzo odległe, coś
zupełnie innego.

Dlaczego postanowiliście odwiedzić te miejsca?

Chcieliśmy odnaleźć nasze korzenie. Myśmy przecież nigdy
nie zaprzeczali, że one są w Polsce. Na Ursynów też pojechaliśmy zobaczyć, jak nasze mieszkanie wygląda.

I co zobaczyliście po latach?

To był proces rozwojowy. Inaczej było na początku, potem
też inaczej, potem jeszcze inaczej, a teraz już zupełnie inaczej. Można by prześledzić kolejne etapy. Pierwszy, jak już
mówiłem, był etap niechęci, żeby wejść w to, co nie jest zbyt
pociągające. Następne było poczucie entuzjazmu, że jednak
coś się daje odnaleźć, że wracamy razem. Potem były kolejne przyjazdy najpierw na krócej, potem na dłużej, wreszcie przyjechaliśmy z dziećmi i to było bardzo znaczące. Jeż-
dziliśmy z nimi po Polsce, tej, której myśmy też w zasadzie
nie poznali. To był etap turystów – zwiedzaliśmy. Wynaj-
mowaliśmy mieszkanie na Starówce i mieliśmy poczucie
dostatku, bo wydawało nam się w Polsce dosyć tanio. Jedzenie dobre, ludzie mili. Polityka nas nie dotyczyła, nie cier-
pieliśmy z powodu nieuprzejmości. Jako turyści mieliśmy
wszystkie przywileje i żadnych niedogodności.

A następny etap?

Po śmierci ojca odziedziczyłem nasze stare mieszkanie na
Bielanach. Zupełnie zrujnowane, okropnie niewygodne.
Nie chciałem tam przebywać. Dopiero gdy pomyśleliśmy,
że możemy przyjeżdżać na dłużej, to podjęliśmy ważką
decyzję, żeby je wyremontować. I to jest ten ostatni etap…

Już nie jesteśmy gośćmi, tylko mieszkańcami. Byliśmy już dwa razy i czuliśmy się jak u siebie w domu. Kiedy miałem pacjentów psychoanalitycznych, nie mogłem sobie pozwolić na długie wyjazdy, teraz pracuję już niewiele i mógłbym wyjechać nawet na pół roku. Nasza córka teraz tam mieszka.

A czym tamten wyjazd był dla waszych dzieci?

Musiała to być dla nich duża strata. Myśmy byli dojrzali, a i nam było trudno. Dzieci formowały wtedy swoje zainteresowania, przyjaźnie. Syn jeszcze nie zaczął szkoły, ale córka była w trzeciej klasie. Straciły naturalne środowisko, w którym wyrastały, a w nowym musiały szybko się dostosować, zacząć mówić w obcym języku.

Dziecko patrzy w twarz matki, w twarz ojca i to, co tam widzi, mówi mu o poziomie bezpieczeństwa.

Tak, to na pewno miało znaczenie. Myśmy byli zwartą, zintegrowaną rodziną i to nam wszystkim pomogło. Ale dowodem, że było to dla nich trudne, jest, że przez długie lata w ogóle o Polsce nie chcieli słyszeć, przestali mówić po polsku. Dlatego spekuluję, że to była trauma. Różne są sposoby radzenia sobie z traumą, mniej lub bardziej konstruktywne: poddawanie się bolesności, cierpienie, tęsknoty, które człowieka obezwładniają. A myśmy sobie poradzili za pomocą aktywności – nie zaprzeczaliśmy, ale też nie zajmowaliśmy się tym. I nasze dzieci również.

Odcięliście się?

Tak, ale w pozytywnym sensie. Gdy się mówi o odcięciu, to czuję, że to jest coś negatywnego. A tymczasem od rzeczy, które są niedobre i niepotrzebne, warto się oddzielić, nie warto w nich tkwić. Myśmy po prostu weszli w nową rzeczywistość.

Kiedy pani pyta, gdzie był ból, to odpowiadam, że gdzieś był na pewno, ale bardziej bolało, kiedy tu, w Australii, nie mogliśmy czegoś zrobić, tu nam coś nie wychodziło. Stratę Polski zaakceptowaliśmy i Polska nam do niczego nie była potrzebna. Rodziny też nam nie brakowało. Rodzice żony od dłuższego czasu nie żyli, a jej siostrę z córką dało się tu sprowadzić. Ja miałem z ojcem niezbyt bliską relację, z braćmi też nie miałem wielkiego kontaktu, więc nie cierpiałem z powodu braku rodziny.

A czym Polska jest dla pana dziś?
Mamy sporo refleksji na ten temat, ale jesteśmy z żoną ostrożni. Nie wiem, na ile mamy prawo wypowiadać się na temat polskiej współczesności, mówić otwarcie, co myślimy. Dlaczego? Jesteśmy Polakami i czujemy się z Polską bardzo związani. W ograniczonym sensie żyjemy sprawami polskimi, natomiast nie chcemy być widziani jak ktoś, kto poucza innych. To jest coś, na co emigranci muszą bardzo uważać.

Widziałem to u ludzi, którym udało się wyjechać i potem mówili krytycznie o Polsce i o tych, którzy tam zostali. Na przykład, że „zaprzedali się reżimowi". Mnie się to wydawało dosyć wredne. Jakim prawem to oceniać? Ludzie wybierają to, co mogą. Myśmy mieli możliwość wyboru, inni nie mieli albo wybrali co innego. I nie nam pouczać i sądzić, prawda? Natomiast możemy boleć i bolejemy nad tym, co się w Polsce dzieje. Co się stało z tym początkiem, kiedy wszyscy byli pełni entuzjazmu…

Porusza to pana?
Bardziej niżbym chciał. Podziwialiśmy osiągnięcie przez Okrągły Stół tego, co wydawało się niewyobrażalne. Byliśmy wzruszeni, kiedy Polska wstępowała do Unii. Na krakowskim Rynku świętowaliśmy powrót Polski do wolnej,

demokratycznej Europy, tam gdzie powinno być jej miejsce. Ludzie dzielili się szampanem zamiast sobie ubliżać. Naprawdę było z czego być dumnym.

Może się nie da pewnych dróg robić na skróty.

Możliwe. W Polsce mnóstwo jest mądrych ludzi i analiz, z których chętnie korzystamy. Ale nie zmienia to odczucia, że marnuje się coś, co jest wartościowe, na co była taka szansa.

Boli mnie to, że marnuje się tę okazję. To jest trudne do zniesienia. Są straty, ludzie robią głupoty, błędy, nawet brzydkie rzeczy – wszystko to jest częścią natury ludzkiej i nie można postulować, żeby ze zjadaczy chleba ludzie zmienili się w anioły. Ale z oddali niestety wygląda to tak, że pluje się na ten chleb, psuje się go, zamiast się nim dzielić. Marnowanie okazji i mądrości, która jest w narodzie, szarganie własnych osiągnięć bardzo mnie boli.

Dlaczego ludzie psują ten chleb?

Myślę nad tym. Gdy się jest psychoanalitykiem, to niechętnie się myśli, że coś jest złem samym w sobie, prawda? Czy jest w ogóle coś takiego? Ale są filozofowie, którzy te pojęcia traktują serio. Wzdragam się, bo one się kojarzą z niebem, piekłem, szatanem… ale z drugiej strony, jest coś, co mogę zaobserwować w ciągu mojego życia, co skłania do myślenia, że może jednak istnieje Zło, *evil*. Ta część działań ludzkich, w których skalę zła trudno zrozumieć i uzasadnić.

Skąd się to zło bierze?

Psychoanalitycy mają różne teorie. Freud mówił o instynkcie śmierci, ale instynkt śmierci to nie jest destrukcja, on jest częścią życia. Może przerodzić się w destrukcję, jeśli jest nieogarnięty, jeśli wczesne impulsy i fantazje stają się naładowane chęcią niszczenia. I to niszczenia dobrych rzeczy.

Melanie Klein zrobiła z tego swoją sztandarową myśl, mnóstwo ludzi za tym sztandarem poszło. To cenna myśl i ją akceptuję, ale się pod nią nie podpisuję, ponieważ nie uważam, że w naturze ludzkiej jest coś, co nieuchronnie musi prowadzić do destrukcji. Myślę natomiast, że my sobie z tym światem nie radzimy.

Jak to?
Po prostu. Czasem zupełnie sobie nie radzimy. Nasz umysł nie dorasta do zadania, któremu ma sprostać, a które polega na godzeniu natury zwierzęcej, tej odziedziczonej po naszych przodkach, z myśleniem. Umysł stara się iść w kierunku twórczym, intelektualnym, ale najwidoczniej sobie z tą impulsywną schedą nie radzi. A jeszcze trzeba sobie radzić ze światem zewnętrznym!

Przekonanie, że umysł ludzki jest w stanie wszystko rozwiązać, to iluzja. On równie dobrze może służyć rozwiązywaniu problemów, co ich tworzeniu i niszczeniu tego, co mogłoby być wspólnie tworzone, psuciu tego chleba.

Na co Polska jest chora?
Bałem się, że pani mnie będzie dalej wypytywać o Polskę. Nie chciałbym się wdawać w żadne diagnozy ani analizy, nie mam prawa też oceniać. Na ten temat głębiej i lepiej mówi się i pisze w Polsce.

Jestem ciekawa, co pan widzi z dystansu.
Żona lepiej znosi wiadomości o Polsce, ja gorzej. Muszę to ograniczać, bo się okropnie zaburzam i złoszczę. Ale myślimy o tym. O różnych historycznych i socjopolitycznych uwarunkowaniach. Uważamy jednak, że nie można wszystkiego zwalać na przeszłość. Nam trudno z oddali zrozumieć tę historię bieżącą, wiemy za mało, myśmy tego nie przeżyli z wami.

Przecież teraz są już dwie generacje, które się urodziły w wolnej Polsce. To już trwa ponad trzydzieści lat, dłużej niż Rzeczpospolita międzywojenna. I ku czemu to wszystko zmierza? Bo w tym jest nie tylko przeszłość zaborowa, okupacyjna, komuna, ale nieuczenie się z doświadczeń bieżących. To mnie niepokoi jako psychoanalityka. Nikt nie jest w stanie uniknąć błędów, nie chodzi o to, by ich nie popełniać – bo to jest niemożliwe – tylko żeby się z nich uczyć. Nie sztuka uczyć się tylko z dobrych doświadczeń, trzeba też uczyć się na własnych błędach, a nawet na cudzych.

Można się uczyć na cudzych błędach?

Można patrzeć, co inni robią źle, starać się zrozumieć, dlaczego tak robią. Kiedy pracowałem z grupami, często byliśmy zdumieni, jak to działa. Ktoś był kompletnie zanurzony w swoich zaprzeczeniach, nie widział własnych problemów, ale mógł zobaczyć swój problem u kogoś innego. I nagle widział siebie. Nie chcę powiedzieć, że to łatwiejsza droga, tylko czasem mamy przynajmniej to.

A samemu, patrząc w lustro, trudno to spostrzec?

Samemu jest ciężko spojrzeć sobie w oczy, zwłaszcza gdy się już zabrnęło w działania, które są nieuczciwe. Kłamliwe działania są niszczące dla psychiki. Jeśli ktoś pogrąża się w kłamstwach, to dokonuje swoistej wewnętrznej korupcji. Gdzieś tam wciąż ma poczucie prawdy, ale musi o niej zapomnieć.

Co się wtedy dzieje?

Wtedy się brnie w różne podłości. Jest smród, a rozsiewa się perfumy. I nie dlatego, że nie ma świadomości, jak jest naprawdę, ona gdzieś tam jest, tylko nie można jej dopuścić, bo to wymagałoby radykalnej zmiany zachowań czy sytuacji, z których czerpie się korzyści.

Jeśli proces zakłamywania dokonuje się w skali społecznej, to niesłychanie trudno to zmienić. Konieczna jest wtedy akcja polityczna, bo tylko ona może być skuteczna. Tu żadne wglądy nie pomogą. Na poziomie zbiorowości nikt nie słucha wglądów.

Czy psychoterapeuci powinni wypowiadać się w przestrzeni publicznej na tematy polityczne?

To skomplikowana sprawa. Trzeba się dobrze zastanowić nad motywacją do takich działań i ich sensem. Różne doświadczenia doprowadziły mnie do przekonania, że polityka to jest takie zwierzę, z którym psychoanalitykom lepiej się nie zadawać w ogóle. Bo jeśli się zadajesz, to musisz się odpowiednio przygotować i porządnie wyćwiczyć, nauczyć się grać w te polityczne gry, a one nie są ani przyjemne, ani czyste. I cierpi się z powodu skutków. Niesłychana jest toksyczność układów politycznych. Akcja polityczna to zupełnie inny rodzaj działalności ludzkiej niż akcja terapeutyczna, akcja rozumienia, akcja twórcza.

Każdy więc musi sobie sam znaleźć odpowiedź na pytanie, czy wypowiadać się publicznie. Warto siebie zapytać: co mną kieruje, co chcę osiągnąć. Nie mam na to odpowiedzi.

A jeśli się wypowiemy, to pojawia się pytanie, czy znajdzie się siła sprawcza, która będzie w stanie z tym coś dalej zrobić. Niestety nie wystarczy mądrze myśleć. Ile w Polsce jest mądrych ludzi, głębokich analiz, sensownych postulatów, i co z tego? I nie tylko w Polsce. Spójrzmy na Amerykę.

Trzeba też pamiętać, że polityczne siły, zwłaszcza takie, jakie działają w Polsce, są przebiegłe i bezwzględne. Zdumiewające, jak perfidne działania polityczne i ewidentnie kłamliwa propaganda są skuteczne. Okazuje się, że każdą prawdę daje się przekręcić na nieprawdę. Każdy dobry wysiłek można unicestwić, zignorować, zniszczyć.

Czyli wypowiedzi psychoterapeutów to raczej sposób na własną bezradność?

Bo niełatwo żyć z frustracją, wściekłością, trudnością zachowania postaw tolerancji wobec tego, czego człowiek doświadcza. Nam łatwo mówić, my żyjemy gdzie indziej, ale jeśli myślimy o ludziach myślących, zaangażowanych, to ile oni muszą przeżywać cierpienia, kiedy patrzą na to, co się dzieje? I pojawia się pytanie, co robić z tym bólem, złością, niezgodą na kłamstwa. Jeśli napisanie czegoś, opublikowanie, wymiana myśli, rozmowy mogą pomóc, jestem absolutnie za tym. Ale nie łudźmy się, że to wystarczy, by wpłynąć na zmianę.

Takie głosy są próbą ocalenia siebie samego?

To też jest ważne. Trzeba ocalić swoje myślenie, nie pozwolić się zgnębić wewnętrznie. W sytuacji zniewolenia nadal być wolnym w swoich myślach i tych działaniach, które można wdrożyć. Postawa rezygnacji wobec nieprawości i kłamstw jest zgubna, bo to oznacza nie tylko zewnętrzną, ale i wewnętrzną kapitulację. Dlatego każdy akt wolnego myślenia jest ważny.

Myśmy wyrośli w rzeczywistości, w której wewnętrzna swoboda była czymś, o co trzeba się było starać, można to było uprawiać wyłącznie w izolacji. Niektórzy próbują mi dziś wmówić, że byłem zniewolony, bo żyłem w systemie komunistycznym. To, żeśmy żyli w niewoli, nie znaczy, że byliśmy zniewoleni. Dojrzewałem w tym systemie, nie rozumiałem wszystkiego, co się działo, ale wcześnie starałem się nie poddać ogłupieniu przez propagandę, starałem się myśleć w miarę niezależnie. Oczywiście analizując to, widzę, że to wcale nie jest takie łatwe, własne myślenie może zostać zniekształcone poprzez to, jak bombarduje i zafałszowuje propaganda, w końcu coś się wsączy. Utrzymać niezależne myślenie, kultywować demokrację wewnętrzną nie jest tak łatwo.

Ale można się starać.

Tak, nie można zaprzestać tego starania. Ważne jest też to, co przekazujemy innym poprzez wypowiedzi, książki, artykuły. To pomaga, bo kiedy czytamy, to czujemy związek z tymi ludźmi, którzy gdzieś tam są i myślą podobnie, pomagają z kolei nam myśleć. To niesłychanie istotne.

Patrzy pan czasami wstecz na swoje życie, robi pan bilans?

Trochę. Ostatnio – przy okazji opracowywania historii polskiej psychoanalizy – sprowokowano mnie do tego i jestem za to wdzięczny. Poproszono mnie o stworzenie rozdziału opisującego moje losy jako psychoanalityka. Najpierw spisałem wszystko bardzo szczegółowo, to było bardzo długie. Potem znacznie skróciłem do formy wymaganej do publikacji. Ten proces dał mi mnóstwo okazji, żeby popatrzeć na przeszłość poprzez wspomnienia, zdjęcia, rozmowy z żoną.

Gdy pan spojrzał wstecz, to coś pana tam zaskoczyło?

Myślałam, że wiem o mojej rodzinie dużo, a odkryłem, jak wiele nie wiem. To było bardzo przykre. Zorientowałem się, że nie mam już z kim o tym porozmawiać, a gdy mogłem, to nie pytałem. Jestem zaskoczony i bardzo nad tym boleję. O ojcu trochę wiem, bo spisał swoje życie, ale mama umarła wcześnie i o jej dzieciństwie nie wiem nic. Myślę, że moi rodzice i dziadkowie zachowali sporo w pamięci, ale nie chcieli do tego wracać.

Pan miał trzy lata, kiedy wybuchło powstanie warszawskie. Jak pan myśli, jaki to miało wpływ na pana?

Myśmy wtedy stracili wszystko. Wszystko spłonęło – pamiętniki, dokumenty rodzinne. Zostało zakłócone podstawowe poczucie bezpieczeństwa. Z drugiej strony – być może wtedy – zaczęła się rozwijać moja tendencja do stawiania czoła trudnościom, do przetrwania. Żona również jest dzieckiem wojny. Jej ojciec był w AK, potem go komuniści zamknęli, wychowywała się w trudnych warunkach. Więc te początki nie były łatwe, na pewno jakoś ucierpieliśmy. Nieraz myślimy o tym, że w twardej szkole życia doznaje się rozmaitych obrażeń, ale człowiek też się hartuje.

Jak to jest, że ten początek był taki straszny, a teraz jest tyle witalności?
Spróbuję to trochę wytłumaczyć. Przede wszystkim nie myślimy o tym, że nasze początki były „straszne", o tym, jak bardzo żeśmy cierpieli. Jest oczywiste, że to były straty, było wiele bolesnych przeżyć. Ale patrzymy na to z punktu widzenia rzeczywistości i tego, jaki to mogło mieć wpływ na nas. To, co się zrobi z trudnymi początkami, może iść w różnych kierunkach – może iść w kierunku radzenia sobie z nimi i wtedy prowadzi do dalszego rozwoju, choć oczywiście nic nie jest gwarantowane. Potem jest jeszcze wiele rzeczy, które muszą się wydarzyć: młodość, stawianie czoła konfliktom, różnym przeciwnościom. Na kolejnych etapach życia trzeba sobie poradzić z poczuciem tego, czego zrobić już nie można, i trzymać się tego, co jeszcze można. W naszym życiu – chyba u nas obojga – udało się nam przezwyciężyć trudności. Żona mnie czasem pyta: jak myśmy to zrobili?

No właśnie, jak?
To było pozytywne nastawienie do życia oraz determinacja. Była w tym może też gotowość, żeby poradzić sobie z czymś, co wydaje się prawie niemożliwe. Tu potrzeba trochę odwagi i trochę szczęścia. Ja miałem od początku wiele szczęścia. Przeżyliśmy przecież okupację, ojciec był wprawdzie ranny w powstaniu, ale szczęśliwie w pierwszym dniu dostał się do szpitala, przeżył. Wielu jego kolegów zginęło. Dom

się spalił, ale nas bomba nie trafiła, przeżyliśmy w piwnicy. Myślę nieraz, i moja późniejsza historia to potwierdza, że jeśli się przeżyje coś groźnego czy tragicznego, to potem rzeczywiście docenia się życie.

Szczęście się przydaje. Ale powiedział pan też o odwadze. Skąd ją brać?
Może z dobrych związków? Moje dzieciństwo może nie było anielskie, ale kto w tamtym czasie miał anielskie dzieciństwo. Jak już mówiłem, zaraz po wojnie mieszkaliśmy w Łodzi, byłem wprawdzie dzieckiem dość osamotnionym i chorowitym, ale wyrastałem w podstawowo dobrej rodzinie. Potem przenieśliśmy się do Warszawy i było lepiej. Nie żebyśmy żyli w dostatku czy żeby było cudownie, czasy temu nie sprzyjały, ale było sporo normalnych radości. Miałem dwóch młodszych braci, z mamą byłem bardzo związany. A potem związek z żoną stał się ostoją i motorem naszych wspólnych działań.

Powiedział pan, że mama umarła wcześnie.
Na czerniaka. Byłem na trzecim roku studiów. Dziadkowie umarli krótko przed nią i to był właściwie koniec mojej rodziny pierwotnej. Z braćmi nie miałem bliskich relacji. Potem był okres wchodzenia w życie samodzielne, zawodowe, w związki. W 1968 roku założyłem rodzinę z Elżbietą, co nadało mojemu życiu kierunek i głębszy sens.

Jak to się stało, że postanowił się pan zajmować psychoanalizą?
To długa historia. Przeżyłem mocno przedwczesną śmierć mojej mamy i pod wpływem tego doświadczenia zacząłem się interesować emocjonalnymi problemami ludzkimi, no i własnymi, w ogóle psychologią. Studia medyczne były bardzo interesujące, nie chciałem jednak zostać lekarzem od

ciała, tylko od psychiki. Moje zainteresowania rozwijały się we mnie, a potem życie zaoferowało okazję, którą uchwyciłem. Poprzez psychiatrię dostałem się do psychoterapii, a ta zaprowadziła mnie do psychoanalizy.

Nadal ma pan pacjentów?
Praktycznie prawie nie, kolejno kończą już osoby, które przychodziły na długie analizy. Niebawem nie będę przyjmował pacjentów w ogóle. Dopóki będę się czuł na siłach, będę kontynuował superwizje i seminaria – lubię prowadzić małe grupy.

Wie pan, że psychoterapeuci żyją najdłużej?
Tak? To bardzo pocieszające.

Jak pan myśli, dlaczego tak jest?
Nie wiem. Zapytałem o to kiedyś mojego analityka, doktora Kučerę, jeszcze w Czechosłowacji, w Pradze, bo tam miałem analizę. Był już dawno na emeryturze, ale wciąż pracował aktywnie jako psychoanalityk. Byłem ciekaw, jak to robi, że jest nadal taki zaangażowany i żywotny. A on mówi: „Jako analityk analizuję dzieciństwo, więc ciągle mam z nim do czynienia, mam z nim kontakt".

Teraz trochę inaczej patrzymy na proces psychoanalityczny, ale coś w tym jest, bo dziecięcy stan umysłu – który każdy ma przecież w sobie – to stan, który nie poddaje się czasowi. Tam jest zresztą wszystko naraz: i młodzieńcze pomieszanie, i dojrzewanie, i dorosłość, i *midlife crisis*, a potem także dojrzałość, starość. A co podtrzymuje witalność? Może umiejętność bawienia się?

Przypisujemy ją tylko dziecięcości, zupełnie niesłusznie. Dlaczego dorośli mają się nie bawić, nie żartować, czasem wygłupiać? Niekoniecznie trzeba zażywać dragi w tym celu.

Psychoterapeuci muszą mieć w sobie zdolność do bawienia się?

Dobrze, jeśli mają. Jestem pewien, że to dotyczy wszystkich, nie tylko psychoterapeutów.

Coś czuję, że pan też potrafi się bawić.

Mam nadzieję, mam nadzieję.

A o przemijaniu możemy porozmawiać?

Proszę bardzo.

Myśli pan o tym?

Oczywiście. Ale nie wiem, czy słusznie przypisujemy przemijanie tak zwanemu wiekowi podeszłemu. Przecież zaczyna się ono w momencie urodzenia. Widać to u ludzi, którzy nie mogą pozwolić sobie na to, by żyć w pełni, bo bojąc się życia, nie mogą się pogodzić z tym, że wraz z akceptacją życia trzeba się pogodzić z jego skończonością, z przemijaniem. To właściwie jest nieustający proces, który towarzyszy nam przez cały czas. Ale oczywiście z wiekiem konfrontujemy się z tym coraz bardziej. Konfrontują nas z tym również różne wydarzenia, jak na przykład poważna, groźna choroba. Mnie się to przydarzyło w 2005 roku, kiedy zdiagnozowano u mnie raka. To było poważne zagrożenie życia. Zoperowano mnie i ta operacja też była poważna.

Bolesne doświadczenie, będące nauczką, dzięki której zmieniłem mój tryb życia.

Co pan konkretnie zmienił?

Zmniejszyłem zdecydowanie liczbę tych zajęć, które mnie nie interesowały i męczyły. Przestałem pracować wieczorami. Zarzuciłem działalność administracyjną, która jest źródłem cierpienia, jeśli już pani pyta o cierpienie. Zacząłem systematycznie pływać. Zawsze lubiliśmy z żoną podróżować, staramy się z tego korzystać, póki można. Weekendy są święte, żadnych zajęć nie mam. Robię to, co lubię.

Ja pracuję w sposób intensywny, nie umiem się obijać. Więc pracowałem kiedyś od rana do wieczora, miałem prywatną praktykę, prowadziłem ośrodek, jeszcze miałem superwizje, wieczorem seminaria dla studentów, różne zebrania. Zajęcia wieczorne po całym dniu pracy to absurd, ale jakoś niełatwo było się tego pozbyć.

Też prowadzę wieczorem seminarium...

Jedno seminarium to nic, ale gorzej, kiedy przeradza się to w jakieś nadmierne, prezbiteriańskie przywiązanie do obowiązków! Uważa się, że jest cnotą, jak się pracuje dużo, a odpoczynek i przyjemność to grzech. Nie, ja temu już nie ulegam. Ale musiałem dostać nauczkę. Może powinienem być wdzięczny losowi, że skonfrontował mnie z rzeczywistością śmierci i w ten sposób pozwolił mi zobaczyć, ile warte jest życie? I że chcę o nie dbać.

Jestem też w tym szczęśliwym położeniu, że wprawdzie z wiekiem mam coraz więcej ograniczeń, jednak mogę wybierać, co robię ze swoim czasem, mogę robić to, co mnie cieszy i co jest tego warte, wykorzystywać jak najlepiej czas, którym dysponuję. Jest bezcenny, bo jest ograniczony, choć nie wiem, jak wiele mi go pozostało.

Wracając do pytania o przemijanie. Można mówić o dramatycznej konfrontacji z przemijaniem, ale w naszym życiu stopniowo stało się ono wszechobecne. To jest nasza codzienna rzeczywistość, ale nie jest tak, żebyśmy się tym stale zaprzątali, to jest po prostu fakt.

Ale jak to jest? Tak konkretnie.

Jest mnóstwo rzeczy, których już nie będzie. Na każdym kroku oboje stykamy się z koniecznością godzenia się z tym, czego już nie możemy w ogóle lub nie w tym samym stopniu co kiedyś. To są różne ograniczenia fizyczne – na przykład możliwości poruszania się, i psychiczne – na przykład zmęczenie. Nie chcę przesadzać i tego demonizować, ale to jest oczywiste, i czasem o tym mówimy. Jednak nie musimy stale o tym mówić, trzeba po prostu sobie z tym radzić. Staramy się robić, co można, i tym się cieszyć.

Młodzi ludzie wyobrażają sobie, że są niezwyciężeni. My nie myślimy o sobie jako o niezwyciężonych. Myślimy, jak zapanować nad jakimś przykrym dniem albo nad jakimś bólem czy czymś nieprzyjemnym, co się pojawia. To wystarczy. Jest niezwykle ważne, że jesteśmy w tym oboje razem, że jesteśmy blisko, że możemy na siebie liczyć.

A o śmierci też pan myśli?
Niechętnie.

Robi pan porządki?
Oczywiście. Są te wszystkie formalne rzeczy, jak testamenty i myślenie o tym, co będzie, gdy jedno z nas odejdzie. O tym, co zostawimy naszym dzieciom, myślimy dosyć często. One nie bardzo chętnie o tym słyszą.

Nie chcą o tym rozmawiać, prawda?
Nie za bardzo. I my ich tym nie męczymy. Spisywanie wspomnień też ma posłużyć mojej rodzinie. Tym akurat dzieci się zainteresowały. Mam teraz parę następnych projektów – zacząłem robić stronę internetową, gdzie te wspomnienia umieszczam. Tam też publikuję moje wiersze. To chcę dalej rozwijać, to jest bardzo ciekawe. No i mamy tysiące zdjęć, chciałbym je uporządkować.

Zrobić spis treści swojego życia?

Tak, dokładnie. Mam nadzieję, że coś tam zostawimy po sobie. Ale oczywiście ze świadomością, że to, co dla nas ważne, może dla dzieci nie być aż tak istotne. Dla nich mogą być ważne rzeczy, które same odkryją. Tak jak odkryli Polskę.

To było bardzo ciekawe. Nie chcieli do Polski jechać przez długi, długi czas i trudno im się dziwić. Potem pojechali sami. Najpierw jedno, potem drugie. Następnym razem pojechaliśmy już wszyscy, ostatnio też z synem i jego żoną, i wszystko to było bardzo dobre. Może w ten sposób chcieliśmy coś odzyskać, coś odnowić, co najwyraźniej pomaga w przemijaniu. To nie znaczy, że w sposób magiczny przekażemy im nasze życie. Oczywiście, że nie. Nasze życie jest częścią naszych dzieci, ale ich życie już do nich należy. Cieszę się, że coś po nas zostanie. Nawet nie o to chodzi, że będą nas pamiętać, o nas myśleć i w ten sposób życie się przedłuży, tylko o to, że mamy świadomość, że razem z żoną i razem z naszymi dziećmi…

…coś dobrego stworzyliście.
Tak. I to jest ciężko stracić.

A co jest naprawdę warte starania?
Żeby nie marnować sposobności. Żeby nie marnotrawić tego, co jest dla nas ważne. Dla mnie zawsze ważne były miłość, związki i praca, która daje satysfakcję, z której coś wynika. Nie chodzi o to, żeby stwarzać wielkie rzeczy, tylko żeby starać się robić jak najlepiej to, co możemy. Nawet jeśli czasem nam nie wyjdzie. Żeby nie marnować swoich wysiłków przez nadmierne karanie siebie czy wyrzuty sumienia, czy naleganie, by „robić jeszcze więcej, bo nigdy nie jest dość dobrze". Karanie siebie to też jest marnowanie.

Warte starania są tolerancja i wyrozumiałość dla siebie. Warto robić to, co się uważa, że jest coś warte. Dla różnych ludzi to mogą być bardzo różne rzeczy. I sami muszą to znaleźć.

Nie mam poczucia, że mogę ludziom powiedzieć, co ma dla nich być ważne. Można jedynie – tak jak robimy to w terapii – pomóc to coś odnaleźć. Albo pomóc zrozumieć, co przeszkadza w szukaniu.

To jest myśl, z którą zostanę. Że to nie muszą być od razu jakieś wielkie rzeczy.
To może być na przykład uwaga i interpretacja. Myślę, że to jest warte starania. Bo uwaga to jest bardzo wiele: i ciekawość, i skupienie, i słuchanie. A interpretacja to jest staranie się, żeby to zrozumieć. Na tyle, na ile to możliwe.

Ani jedno, ani drugie nie oznacza poczucia, że wie się dokładnie, co jest co, ani że wie się lepiej niż inni. Tylko wie się to, co się wie. I z tym trzeba jak najlepiej żyć.

NIE ROZPAMIĘTUJĘ
STRAT

Lidia Mieścicka

(ur. w 1933 r. w Warszawie)

Psychiatra, psychoterapeutka, superwizorka. Członkini wielu towarzystw psychoterapeutycznych. Pracuje w warszawskim ośrodku INTRA. Jest autorką wielu książek, mi.in.: *Nie poddawaj się smutkowi, Być matką dorosłych dzieci, Pracoholizm.*

Zemsta nie jest dobrą drogą. Nic nie daje. Złość przemija,
a zemsta to jest coś, z czym się zostaje.

◆ ◆ ◆

Pracuję już sześćdziesiąt lat i nadal
to bardzo lubię. Jestem wciąż ciekawa innych ludzi.
To jest ciekawość, a nie ciekawskość.

◆ ◆ ◆

Terapia to jest wchodzenie razem z pacjentem na górę
i schodzenie z nim razem, ale już inną drogą. Pamiętam,
żeby nie iść przed pacjentem, tylko z nim. Obok.

Ile masz lat, Lidko?

Poczekaj. Muszę się zastanowić. Wiesz, że na co dzień w ogóle o tym nie myślę, ale teraz ze zdziwieniem muszę stwierdzić, że zbliżam się do dziewięćdziesiątki. Za kilka dni skończę osiemdziesiąt siedem lat.

Nie wiem, jak inni, ale ja tego wieku – w środku – nie czuję. Moja mama, która umarła, mając lat dziewięćdziesiąt osiem, mówiła pod koniec życia, że kiedy była młodsza, myślała dużo o śmierci, a potem jej przeszło. Mówiła, że boi się nie tyle śmierci, ile umierania. Zresztą umarła bardzo świadomie i w jednej chwili. Byłam z nią wtedy, wyszłam po coś do kuchni, za chwilę wróciłam i ona już nie żyła. Nie zdążyła się nawet przestraszyć.

A ty myślisz czasem o swojej śmierci?

Teraz myślę, bo rok temu wzięłam psa ze schroniska i mam jednostronną umowę z Panem Bogiem, że będę żyła tak długo, żeby tego psa nie trzeba było oddawać. On musi być pierwszy. Przecież byłoby okropne, gdybym mu umarła – bardzo się przywiązał. Chciałabym tego mu oszczędzić, ale oczywiście będzie, co będzie. To mój jedenasty pies. Wszystkie wzięłam z ulicy. Lubię zwierzęta, karmię ptaki. Widzisz, kupiłam czarny słonecznik dla sikorek, taki najbardziej lubią. Pamiętam, że powinny zjeść dużo przed nocą, bo inaczej umierają. Patrz, jak dziobią te ziarenka.

Jest tu jeden kot sąsiadów, zawsze rano sprawdzam, czy nie siedzi pod karmnikiem. Kartoflami w niego rzucam.

Wracając do twojego pytania – żyję. Widzę, że wiele rzeczy robię wolniej, muszę brać jakieś leki, to jest dość nudne. Irytuje mnie fakt, że ciało mnie zdradza. Ale ponieważ nie choruję na nic strasznego, to tak bardzo się nie przejmuję. Pracuję – to mnie bardzo ożywia.

Skąd wiedziałaś, że chcesz robić to, co robisz?

Pojęcia nie miałam. Poszłam na medycynę, bo chciałam być jak Korczak, jego książki zrobiły na mnie kiedyś ogromne wrażenie. Ale nie myślałam wtedy ani o psychiatrii, ani tym bardziej o psychoterapii. Pewnie nawet nie znałam wtedy tego słowa.

Zaczęłam pracować jako terapeutka przez przypadek. Urodziłam drugą córkę, byłam z nią trochę w domu, a potem musiałam wrócić do pracy. W szpitalu psychiatrycznym na Dolnej był akurat wolny etat. Przyjęli mnie i tam po raz pierwszy zobaczyłam, czym jest psychoterapia. Bardzo mi się spodobało.

Co konkretnie?

Okazało się, że mnie ciekawi życie innych. Wiesz, często po wojnie stawałam w Warszawie na wiadukcie i patrzyłam z góry na te w połowie zburzone domy. Nie wiem, czy to jeszcze pamiętasz, ale one były jakby przepołowione, widać było ich wnętrzności, te odsłonięte i na wpół zburzone mieszkania. Każde było inne, miało innym kolorem pomalowane ściany, stały tam fragmenty mebli... Patrzyłam i wyobrażałam sobie ludzi, którzy tam mieszkali, w tych różnokolorowych mieszkaniach.

To były odsłonięte wnętrza czegoś, co zostało zrujnowane...

Robiły na mnie ogromne wrażenie. Lubiłam zaglądać w różne wnętrza... Pamiętam, jak tuż po wyzwoleniu stoję w oknie naszego mieszkania i patrzę na podwórze, w inne okna. I widzę, jak w mieszkaniu naprzeciwko matka kąpie małe dziecko. Pamiętam siebie patrzącą na tę scenę, bardzo symboliczną, prawda? Życie mnie zawsze fascynowało.

Ty też jesteś pełna życia.
Po prostu żyję. Nie rozpamiętuję przeszłości, nie boję się przyszłości. Jest jak jest. Zawsze tak było, jako dziecko też tak miałam.

Miałam różne trudne doświadczenia, nigdy mi nie przyszło na przykład do głowy, że będę dwukrotnie rozwiedziona. Ale stało się. Nie rozpamiętuję strat.

Nie było momentów, żeby ci było bardzo trudno? Z pierwszego małżeństwa wyszłaś sama.
W pierwszym małżeństwie przez trzynaście lat mieszkałam z teściami. W pewnym momencie odkryłam, że to jednak jest dla mnie strasznie ważne, żeby mieć swój dom. Chciałam być panią domu. Wiesz, kiedy ktoś na przykład dzwonił do drzwi, to mu otwierałam, on mówił, szukam pani takiej i takiej, a ja mówiłam: zaraz poproszę, i prosiłam teściową. A potem się okazywało, że chodziło o mnie. Nigdy nie poczułam się tamtą osobą, więc odeszłam. Z dwójką dzieci, które zresztą były ze swoim ojcem do końca jego życia w dobrym kontakcie.

To musiało wymagać dużej odwagi.
Sama się sobie dziwię. Mnie to niosło po prostu.

Co cię niosło?
Miałam silne przekonanie, że to, co robię, jest słuszne. Córki zresztą do dziś mówią, że to była bardzo dobra decyzja. Wzięłam dziewczynki, ich pościel i tyle. Zamieszkałyśmy u mojej mamy. To był rok 1969 i już wtedy pracowałam jako psychoterapeutka. Może, zadając innym pytania, na które także sama sobie odpowiadałam, odkryłam, że we mnie jest część mojego ojca? Przedtem nie miałam takiej świadomości. Ojciec był bardzo niezależny, też chciał mieć własne miejsce w życiu.

Byłaś nieszczęśliwa.

Nie byłam szczęśliwa, tak mogę powiedzieć. Okazało się, że mam dużą potrzebę autonomii. Chciałam w swoim domu móc zachowywać się swobodnie, nie musieć liczyć się z tym, że kogoś obudzę. Gdy wyszłam za mąż, to przestałam grać, bo miało być cicho. Sprzedałam pianino. Żałuję.

Zrozum mnie dobrze, nie chcę się żalić. Tam wszyscy byli dla mnie dobrzy, ale byłam córką tamtej rodziny, nie byłam żoną. Gdy sama urodziłam córkę, to byłam szczęśliwa, że to nie jest syn, bo teściowa mówiła wciąż: „W naszej rodzinie rodzą się sami chłopcy". A ja urodziłam córkę i pomyślałam: „A w mojej rodzinie niekoniecznie rodzą się synowie".

W tamtych czasach wyjście z małżeństwa z dwójką małych dzieci to był gest buntu.

Nie odczuwałam tego tak. To była po prostu bardzo ważna moja potrzeba. Sama się sobie dziwię, bo nie jestem waleczną osobą. Zupełnie nie. A wzięłam dwójkę małych dzieci, ich los też biorąc na siebie. Potem związałam się z drugim mężem i to mi bardzo pomogło.

On był wtedy żonaty.

Był nieszczęśliwy. Tak przynajmniej mówił. Choć jak odchodził ode mnie, mówił podobnie.

Jak to jest być zostawioną po trzydziestu kilku latach małżeństwa? Możesz o tym trochę opowiedzieć?

Nie za dużo, bo to jest także i jego opowieść. I pewnie całkiem inna od mojej. Zupełnie się tego nie spodziewałam. To znaczy, widziałam, że coś się dzieje, ale nie myślałam, że się rozstaniemy. Potem myślałam, że widocznie jest jakaś sprawiedliwość w świecie: stało mi się to samo, co ja kiedyś komuś zrobiłam. Jak mąż odszedł ode mnie, miałam sześćdziesiąt osiem lat. Mama już nie żyła i chwała Bogu. Bo dla niej to byłoby bardzo trudne. Chwilę przed swoją śmiercią mówiła, że nigdy nie widziała tak dobrego małżeństwa jak nasze. To byłby dla niej straszny cios.

Jak się odnalazłaś?

Zostałam sama, w tym mieszkaniu. Wszystko zostało, jak było, oprócz rzeczy z jego pokoju, w którym mieszkał przez ostatnie miesiące. Kiedy się pakował, wyszłam z domu, żeby na to nie patrzeć i żeby on nie czuł się skrępowany, zobowiązany. Chciałam, żeby to była jego sprawa. Poszłam na *Quo vadis*, bo to był najdłuższy film, jaki wtedy wyświetlali.

Byłaś zła?

Nie. Myślałam tylko o tym, żeby jak najdłużej nie wracać do domu. Wróciłam, zastałam pusty pokój. Odpłakałam już swoje. Gdy się dowiedziałam, że postanowił się ze mną rozstać, ale jeszcze tu mieszkał parę miesięcy, to rzeczywiście było upiorne. Wtedy byłam zła, bo przecież mógł się gdzieś wyprowadzić, nie narażać mnie na to, żebym słuchała jego rozmów telefonicznych…

Już dwadzieścia lat mieszkasz tu sama.

Strasznie długo, to fakt. Teraz mi się zdaje, że zawsze tak było. Mąż wystąpił o rozwód z jego winy, płacił alimenty. Na sprawie rozwodowej sędzina i panie ławniczki pytały: „Jak pani mogła nie walczyć o to małżeństwo?". Ale przecież skoro mąż mówi, że nic już nie ma między nami, to o co mam walczyć?

Dziś mogę powiedzieć, że jestem mu właściwie wdzięczna. Bo mi tu dobrze. Wtedy oczywiście to bardzo przeżywałam. Nasz związek trwał trzydzieści trzy lata.

Co ci pomogło się pozbierać?

Gdy się dowiedziałam, że mąż odchodzi, odszukałam księdza Romana Indrzejczyka. Nie znałam go, ale pamiętałam rozmowę Ewy Berberyusz z nim, pod tytułem *Bardzo lubię spowiadać*. Ten wywiad zrobił na mnie wielkie wrażenie. Będąc wtedy osobą daleką od Kościoła, poszłam do niego. Tak z ulicy. I on mi pomógł. Słuchał, nie krytykował, nie robił żadnych uwag przeciwko mnie. Po prostu był przy mnie. Pobłogosławił mnie na rozwód.

Jest coś takiego?

Okazało się. Był moim przyjacielem i pomógł mi wrócić do Boga. W taki nienarzucający się, dobry i ciepły sposób. Dzięki niemu znalazłam otuchę i czuję ją do dzisiaj.

Masz jakąś rekomendację dla kobiet, które są w podobnej sytuacji?

Hm… może chciałabym im powiedzieć, że zawsze jest jakiś dalszy ciąg. Że życie nie kończy się w momencie, kiedy coś strasznego się dzieje. Tylko najpierw trzeba przez to przejść. Nie tylko przez fakty, ale także przez uczucia, a zwłaszcza przez ból. Trzeba się z tym spotkać, a potem rozstać.

Jeszcze chciałabym powiedzieć, że zemsta nie jest dobrą drogą. Nic nie daje. Złość przemija, a zemsta to jest coś, z czym się zostaje. Na szczęście ominęło mnie to.

A jak sobie poradziłaś ze śmiercią brata?

W ogóle sobie nie poradziłam. Myśmy byli bardzo związani. Zawsze mogliśmy na siebie liczyć. Jemu pierwszemu opowiadałam o swojej chorobie, o swoim rozstaniu, jednym, drugim. Nigdy nic złego mi nie powiedział.

Pod koniec życia był już bardzo chory, każdy ruch go bolał. Byłam u niego przed śmiercią, pojechałam do szpitala. Był straszny upał, ja go chłodziłam, myłam. Teraz muszę przerwać, bo będę płakać… Wiesz, jak się z nim wtedy żegnałam, to mnie pocałował w rękę. Pierwszy raz tak zrobił w całym naszym życiu. I ostatni.

Bardzo mi go brakuje. Co jakiś czas łapię się na tym, że jest jedyną osobą, do której mogłabym zadzwonić i powiedzieć: pamiętasz, jak nasza babcia mówiła muchty-barachty? Dziś nikt już tego nie zna. Z tym właśnie nie mogę się pogodzić, że już go nie ma, a razem z nim nie ma naszego dzieciństwa.

Jesteś jedną z najstarszych aktywnych zawodowo psychoterapeutek.

Pracuję już sześćdziesiąt lat i nadal to bardzo lubię. Jestem wciąż ciekawa innych ludzi. To jest ciekawość, a nie ciekawskość. I ciekawie jest też widzieć zmianę w człowieku. Ona nie wynika z tego, co mówię, tylko z tego, co się między nami dzieje, takiego szczególnego kontaktu z drugim człowiekiem – otwartego, nieoceniającego, autentycznego.

Terapia to jest wchodzenie razem z pacjentem na górę i schodzenie z nim razem, ale już inną drogą. Pamiętam, żeby nie iść przed pacjentem, tylko z nim. Obok. I badać wspólnie ten szlak. Nie wiedzieć lepiej, bo nigdy się nie wie lepiej, nawet o sobie się nie wie lepiej. Ta praca mnie bardzo ożywia. Stosunek do pacjentów mam chyba podobny jak do moich dzieci. Ja w ogóle lubię ludzi i chyba dla wielu jestem ważna. Zobacz, jakie mi tu drobiazgi znoszą. Wzruszające, co? Ten ludzik z szyszek na przykład.

Wdzięczni są może.

Nawet nie wiem za co. Ten ludzik jest od takiej pani, która jest bardzo chora, a ja z nią rozmawiam o tym, co się z nią dzieje. Wspieram po prostu. Towarzyszę. Wiesz, spotkanie z każdym człowiekiem to jest oddzielna historia. Tu się nigdy nic nie powtarza.

Z kim nie mogłabyś pracować?

Ze sprawcami przemocy. Wiesz, w czasie wojny byłam świadkiem naprawdę strasznych, okrutnych rzeczy... widziałam szubienice, widziałam, jak mordują ludzi, egzekucje na ulicy... Coś się wtedy ze mną stało, bo wiele rzeczy mogę znieść, ale nie jestem w stanie znieść okrucieństwa. Bardzo mocno reaguję na wszelkie jego przejawy.

Zdarzyło się, że przekazałam komuś matkę, której córeczka wyrywała sobie włosy z głowy. Ta kobieta nie miała serca dla tego dziecka, a ja nie mogłam tego znieść. Teraz może byłoby inaczej, może bym znalazła do niej drogę.

Może sama miałaś wtedy małe dzieci?
Tak. Właśnie dlatego.

Wracają do ciebie wspomnienia z czasu wojny?
Coś dziwnego mi zostało, opowiem ci. Zawsze, kiedy przejeżdżam koło sądów na Lesznie, a co niedzielę do kościoła jadę tamtędy, zawsze mam tę myśl, że tam była granica między życiem a śmiercią. Z jednej strony getto, z drugiej strona aryjska. To jest dla mnie strasznie dojmujące, sama nie wiem dlaczego.

W czasie okupacji jeździłam tramwajem z mamą do przychodni – miałam gruźlicę wtedy – i po drodze mijałyśmy tam właśnie mur getta. Pytałam mamę o ten mur i nie otrzymałam odpowiedzi. I mam do dziś to dziwne poczucie winy, nie wiem skąd.

Czemu czujesz się winna?
Temu, że coś takiego było możliwe. Takie czyste zło.

Wiedziałaś, że przez sądy jest przejście?
Nie. Teraz wiem, bo czytam dużo na ten temat i to mnie obchodzi. Dużo o tym myślę.

Pamiętam rozmowę z jakimś znajomym o wojnie i obozie koncentracyjnym dla dzieci w Krakowie. W pewnym momencie zapytał, czy to były polskie dzieci, a ja mu powiedziałam: „Boże, wszystko jeszcze może się powtórzyć, jeśli takie pytanie można zadać!". Przecież wszystko jedno, jakie to były dzieci! To był obóz dla maluchów oddzielonych od rodziców! Po prostu czysty koszmar.

Dręczą mnie myśli, że wszystko może się powtórzyć. Zresztą na świecie ciągle coś się dzieje. Tutaj widzisz zdjęcie mojego syna Samuela Mitabazi z Ruandy, to była tzw. adopcja serca. Jego rodzice nie zginęli w masakrze, tylko zwyczajnie umarli i on został sam. Ja miałam wtedy jakieś siedemdziesiąt lat i napisałam do tej organizacji, żeby mi nie dawali małego dziecka, ponieważ sama nie wiem, ile pożyję. Zdecydowali, że przekażą mi pod opiekę czternastoletniego Samuela. Przez cztery lata pisaliśmy do siebie, zdjęcia wysyłaliśmy. Gdy skończył osiemnaście lat, poszedł w świat. Nie wiem, co się z nim dzieje.

To jest pytanie, co możemy zrobić wobec zła, które jest dookoła.
Cokolwiek dobrego. Cokolwiek.

Lidko, a co według ciebie jest tak naprawdę warte starania w życiu?
Prawda. Nieudawanie przed sobą, że jest dobrze, kiedy jest źle. Ani że jest źle, kiedy jest nieźle.

Z tego wszystko inne wynika. Można powiedzieć, że najważniejsze są miłość, przyjaźń, ale one też pochodzą od prawdy. Chociaż ona może czasem boleć, straszyć.

Czym straszyć?
Spotkaniem z nieciekawymi uczuciami. Ale to też jest prawda o nas. I to jest w porządku.

CIEKAWI MNIE, GDZIE SIĘ BĘDĘ REINKARNOWAŁ

Zbigniew Sokolik

(ur. w 1928 r. w Warszawie)

Psychiatra, pediatra, neurolog, psycholog, jeden z pierwszych polskich psychoanalityków po drugiej wojnie światowej. Odbył trzykrotną własną psychoanalizę szkoleniową w Pradze: pierwszą 1961-1970 w szkole Michaela Balinta, drugą w szkole klasycznej u Otto Fenichela, a trzecią w szkole francuskiej Jacques'a Lacana. Prowadzi psychoanalizę od 1962 r., w tym psychoanalizę szkoleniową. W ciągu życia opublikował około pięćdziesięciu prac z zakresu psychiatrii i psychoanalizy.

Miałem trzech psychoanalityków,
płaciłem im, a oni mnie za pieniądze kochali.
Płatna miłość, ale mi pomogła.

◆ ◆ ◆

Życie to cierpienie. Ot i cała filozofia.
Gdy czegoś się chce, to się cierpi. Gdy niczego się nie chce,
to się przestaje cierpieć.

◆ ◆ ◆

Obóz niemiecki i okres głodu to był taki
trochę lepszy w moim życiu okres.

Ile pan ma lat?

Dziewięćdziesiąt dwa. Większość moich kolegów, nawet tych młodszych ode mnie, już umarła. Gdy patrzę na nekrologi, to ten młodszy ode mnie umarł, i tamten też.

Co pan myśli, patrząc na te nekrologi?

Że warto byłoby już odejść z tego głupiego świata. Jeżeli ten świat w ogóle jest. Ja jestem wierzący, ale jestem buddystą. Buddyzm twierdzi, że czasem ten świat jest, a czasami go nie ma. Arystoteles twierdził, że świat ma formę i istotę. Ja uważam, że owszem, jakaś forma jest, ale istoty nie ma. Wszystko, co widzę, to projekcja mojego umysłu.

A mnie pan widzi?

Nie, pani nie widzę. Widzę jakąś jasną twarz, kolor włosów, słyszę jakieś dźwięki. Na podstawie dźwięków plus tego obrazu twarzy domyślam się, że tam ktoś jest, ale tylko się domyślam. Może ktoś jest, może nie ma. Buddyści mówią, że ten świat jest pusty.

Z tą koncepcją się dobrze żyje?

Dobrze. Nie warto długo żyć.

Pan się zbliża do rekordów.

Przeciętny wiek mężczyzny w Polsce to chyba siedemdziesiąt pięć lat, czyli ja jakieś dwadzieścia lat żyję zupełnie niepotrzebnie.

W środku pan też czuje te swoje dziewięćdziesiąt dwa lata?
Ja chyba środka nie mam żadnego. Właśnie tak: świat jest
pusty, ja jestem też pusty.

**Pan mnie trochę zbywa. A ja przyszłam powiedzieć panu,
że psychoanalitycy żyją najdłużej.**
O, nie wiedziałem. Może dlatego, że mają mało negatywnych
emocji dla siebie? Psychoanalitycy autoagresję zanalizowali na
własną rękę. To jest jedna z hipotez, trzeba by to udowodnić.

Mogą być jeszcze inne hipotezy?
Nie mam innej.

Może to kwestia ciekawości?
Możliwe. Pani jest psychoterapeutką, tak? Ja bardzo nie lubię
psychoterapeutów. I bardzo to rozróżniam, żądam od kolegów,
żeby też rozróżniali – co innego psychoterapia, co innego psychoanaliza. Zaraz pani powiem, czym to się różni.

Kiedy pacjent mi mówi, że ma jakiś problem, to ja mówię,
bardzo dobrze, bo to jest dowód, że pan nie jest Bogiem, bo
tylko on nie ma problemów, każdy człowiek ma problemy i do
końca życia będzie miał różne problemy. A gdy on przyjdzie
do psychoterapeuty, to on mu pomoże ten problem rozwiązać.
Trochę jak dziecku.

Psychoanaliza traktuje człowieka jako dorosłego?
Tak. Ona z zasady nie bada problemów, tylko bada emocje.
Pacjent leży na kozetce, mówi cały czas, a analityk przeważnie
milczy. Ja miałem zasadę, że w przeciągu godziny odzywałem
się raz, dwa, maksymalnie trzy razy. Jeżeli ktoś leży, a ktoś obok
niego siedzi, to budzi dużo emocji, prawda? Jeżeli jeden gada,
a drugi milczy, to też budzi dużo emocji. Te emocje pacjent
wyraża – na przykład mnie zwymyśla, co ja tak milczę, a ja wtedy mówię, że to są właśnie emocje, które pana leczą. To są pana

emocje do ważnego obiektu w pana życiu. Chory psychicznie będzie miał więcej emocji wobec siebie, zdrowy więcej wobec kogoś. Jeżeli pacjent wymyśla analitykowi, to już jest lepiej.

Pan naprawdę myśli, że pan już żyje za długo?
Naprawdę. Chrześcijanie mówią, że człowiek ma duszę i ciało, a buddyści mówią, że nie ma ciała, tylko jest ubranie. Każdy człowiek ma to ubranie przeznaczone mniej więcej na osiemdziesiąt lat. Gdy już ktoś przekroczył ten wiek, to powinien mniej jeść, mniej pić, żeby się dłużej na tym głupim świecie nie męczyć, bo on jest złożony z cierpienia. Choć nie wszyscy buddyści tak myślą.

Trochę mi trudno uwierzyć, że pan jest znużony życiem, tak się panu oczy świecą.
A wie pani, co to jest życie?

Procesy biologiczne...
Nie. To jest śmiertelna choroba przenoszona drogą płciową. Bardzo mądra definicja.

Często myśli pan o śmierci?
Nie. Jako dziecko myślałem więcej.

Porządkuje pan sprawy?
Za mnie wszystkie sprawy uporządkowali Niemcy, w czasie powstania warszawskiego. Miałem wtedy czternaście lat. Wszystkie moje rzeczy spalili. Od tej pory mam porządek.

Jako chłopiec widział pan, co się działo w powstaniu?
Tak. A po powstaniu Niemcy potraktowali mnie jak osobę dorosłą i wywieźli do budowy Linii Zygfryda w Holandii. Od jesieni 1944 budowałem okopy, tam gdzie potem były takie wielkie walki.

I co zostaje po takim doświadczeniu?

Jest taka teoria w medycynie, że gdy ktoś bardzo głodował w dzieciństwie, to potem dłużej żyje. W tamtym obozie marnie nas karmili. Niemcy pod koniec wojny w ogóle nie mieli jedzenia, więc głodzili nie tylko Polaków, Niemców też. W Holandii zimą z 1944 na 1945 był straszliwy głód. Może z tego powodu dłużej żyję?

Pytam o psychikę. Czy to doświadczenie zaciążyło?

Negatywnie nie. Choć Maria, moja żona, mówi, że mam depresję. Żadnej depresji nie mam, mam bardzo dobry nastrój, nawet może za dobry? Za bardzo maniakalny? Trudno samemu to orzec, ktoś to musi zrobić.

Byłem w życiu parę razy bombardowany w Warszawie, w czasie powstania. Byłem w obozie niemieckim, nad nami przelatywały samoloty amerykańskie, myśmy policzyli: trzy tysiące samolotów nad nami przelatywało i bombardowało. W marcu albo kwietniu 1945 roku nasz obóz był nad Renem, ale po wschodniej stronie, po zachodniej już się pokazały czołgi amerykańskie. Myśmy weszli na górkę i machaliśmy do tych czołgów. Żołnierze zaczęli do nas wtedy strzelać. Paru z nas zostało trafionych, a ja zdążyłem uciec. Ale te przeżycia jakoś negatywnie na mnie nie wpłynęły.

Dlaczego? Jak pan to rozumie? To zależy od opieki, jaką się miało jako dziecko?

Jako dziecko opieki dobrej nie miałem, bo ojciec miał wielkie przedsiębiorstwo hydrotechniczno-budowlane. Jeździł na Polesie i tam odwadniał, do Turcji jeździł nawadniać, większość czasu spędzał poza domem. Matka była lekarzem. Nie mieli dla mnie czasu.

To kto pana kochał?

Nie wiem, Bóg może? Mnie pomogły trzy psychoanalizy. Miałem ich w sumie tysiąc osiemset godzin i to jest chyba rekord światowy. Zna pani ten dowcip, że psychoanalityk jest jak kurwa, bo kocha za pieniądze? Gdy miałem trzech psychoanalityków, płaciłem im, a oni mnie za pieniądze kochali. Płatna miłość, ale mi pomogła.

Pamięta pan powstanie w getcie?
Było słychać. Miało to dla mnie znaczenie, bo mam domieszkę żydowskiej krwi. Moja matka z domu była Gizińska, to była taka uboższa szlachta. Babcia, czyli matka matki, wyszła za mąż za Gizińskiego, ale z domu była Baranowska. Baranowscy to była bardzo bogata szlachta z okolic Rawy Mazowieckiej. Ale dziadek babci, Scheibler, to był najbogatszy fabrykant z Łodzi – Żyd i mój prapradziadek. Jeżeli dobrze obliczyłem, to mam jedną szesnastą krwi żydowskiej. Dzięki temu się tym zainteresowałem i zacząłem studiować kabałę u rabina Saszy Pedykardisa. On był Chorwatem, ja go uczyłem języka polskiego, on mnie – kabały. Potem się ze mnie śmiał, że jakby była zaraza i wszyscy rabini polscy by wymarli, to od biedy ja mogę być jako rabin.

Pan się z tym zgadzał?
Tak. Kabała żydowska to jest bardzo piękna rzecz. Miałem dwie podstawowe księgi. Pierwsza to jest Sefer Jecira, Księga Stworzenia. Druga księga to Zohar, Księga Blasku, komentarze do Tory z XIII wieku. Przeczytałem dokładnie pierwszy tom, bo dalej nie miałem siły. W sumie było ich sześć.

Według mnie psychoanaliza to dalszy ciąg kabały. Podobne myślenie. Kabała to połączenie nauki Mojżesza z nauką Platona. Kabała mówi, że idea jest, a przedmiotu nie ma. Przykładowo to jest kawał brudnego drzewa, musi przyjść pierwszy człowiek, który zawsze nazywa się Adam, on musi powiedzieć, że to jest stół. Stół to nie jest przedmiot, to jest pojęcie.

Tego samego przykładu użyła profesor Rosińska.
Ona to wie ode mnie chyba.

Trochę muszę pana za język ciągnąć. Psychoanalitycy nie chcą się odsłaniać?

W młodości należałem do klubu nudystów, więc się nie zgodzę.

Ale powie mi pan coś o tym, co widać z perspektywy tych dziewięćdziesięciu dwóch lat?

Moja perspektywa jest perspektywą Buddy – życie to cierpienie. Ot i cała filozofia. Gdy czegoś się chce, to się cierpi. Gdy niczego się nie chce, to się przestaje cierpieć. Niech pani pomyśli, ja przez dziewięćdziesiąt dwa lata cierpiałem, warto już przestać.

Co na tej drodze cierpienia stanowiło jasne momenty?

Nie było jasnych. Całe życie miałem fale depresji. Dużo miałem lęków, bałem się przeróżnych głupot. Jako młody człowiek mogłem powiedzieć, że każdego człowieka się bałem. Teraz pani się nie boję, ale to jest wynik trzech psychoanaliz. Jakbym miał się bać teraz, tobym przed panią uciekł. Bardzo się jąkałem, teraz trochę tego zostało, ale już mało.

Skąd ta depresja?

Smutek bez powodu.

Jakieś satysfakcje, przyjemności?

Lepszy moment miałem w obozie niemieckim. Gdy budowałem Niemcom linię Zygfryda, to nie miałem ani depresji, ani lęków. Obóz niemiecki i okres głodu to był taki trochę lepszy w moim życiu okres.

A miłość to nie jest jaśniejszy moment?

Zakochany byłem parę razy. Po raz pierwszy w wieku lat sześciu, w przedszkolu, w takiej równolatce, Żydówce. Była prześladowana, bo w ogóle nie mówiła po polsku. Miała na imię Solange, po francusku Słońce. Bardzo ją kochałem, tylko nie mogłem się z nią porozumieć, bo ona ani słowa po polsku, a ja ani słowa w jidysz. Pewnie ją Niemcy zamordowali.

Udało się panu wejść po tych tysiącu ośmiuset godzinach psychoanalizy w związek dający satysfakcję?
Tak. Mam teraz dobry związek z żoną. Mam dwóch synów, jedną córkę, sześciu wnuków. Pierwszego syna, Szweda, ja dopiero nauczyłem mówić po polsku. Z tego syna mam jedną wnuczkę Paulę, która, gdy do niej mówię po polsku, to robi mądrą minę, ale nic nie rozumie. Oni w domu mówią po hiszpańsku, a w pracy po szwedzku. Potem mam młodszego syna, od którego mam dwóch wnuków i jednego pieska. Czyli trzech wnuczków, bo dla mnie pies to też człowiek. A teraz córka, jak pani widzi, przyprowadziła dwoje swoich dzieci.

Jeśli wierzyć w reinkarnację, to moje obecne życie jest rodzajem piekła, karą za poprzednie grzechy.

Ciężko słyszeć takie rzeczy.
Ja jestem bezpośredni.

O śmierci pan myśli?
Nie boję się, tylko ciekawi mnie, gdzie się będę reinkarnował.

A co z pogrzebem?
O fuj. Proszę moją rodzinę, żeby żadnych pogrzebów nie było. To, że musi być pogrzeb, to jest przykre. Rodzina nie bardzo to akceptuje, ale ja chcę mieć pogrzeb hinduski. Ciało spalić, prochy wrzucić do Gangesu.

Sanepid się nie zgodzi.
Teoretycznie to by było możliwe. Już na cmentarzu północnym jest palarnia, można skremować i ewentualnie wynająć samolot, polecieć do Gangesu i wrzucić tam urnę. Tylko to chyba jest bardzo drogie.

Zofia Rosińska chce, żeby ją w lesie zwierzętom zostawić.
Też dobry pomysł. Bardzo lubiłem jako młody człowiek chodzić w Tatry. Można by moje prochy tam rozsypać.

Rozmawia pan z rodziną na ten temat?
Rozmawiam, ale rodzina jest katolicka i nie chce. Żona katoliczka, syn jest katolicki, córka też. Jestem jedynym buddystą w rodzinie.

A co jest warte starania się w życiu?
Zdolność do pracy i do kochania. No i psychoanaliza własna, choć wiem, że pani się ze mną nie zgodzi.

Teraz ludzie borykają się z innymi problemami niż w czasach, kiedy zaczynał pan swoją praktykę?
Gdy mi pacjent mówi, jakie ma problemy, to ja mu z góry mówię, że mnie one nie interesują, tylko mnie interesują jego emocje.

W mojej młodości była komuna, główny problem to był, jak ją przeżyć. Wie pani, że przez parę lat nie mogłem się dostać na medycynę. Z tego powodu, że miałem matkę lekarkę. Komuniści bardzo nie chcieli, żeby dziecko lekarza było lekarzem. Więc zamiast na medycynę, dostałem się na psychologię. Skończyłem najpierw psychologię, potem medycynę. To wszystko dzięki towarzyszowi Stalinowi. Stalin orzekł, że Polska ma swój węgiel dawać do Rosji za darmo, a za to Rosja będzie Polsce dawać za darmo ropę naftową. Więc taksówki były bardzo tanie. To był rok 1951, miałem o jednej godzinie wykład na wydziale psychologii, a za chwilę potem wykład na wydziale medycyny – brałem więc taksówkę i jechałem z jednego końca Warszawy na drugi. Płaciłem dwadzieścia albo trzydzieści groszy. Wszystko dzięki towarzyszowi Stalinowi.

I z jakimi sprawami pacjenci wtedy przychodzili do pana?

Ja mówiłem: jak pan ma jakieś sprawy, niech idzie do księdza, bo oni dają rady. Co się zmienia? Jest dużo agresji. Polacy są tylko troszeczkę narodem cywilizowanym. Troszeczkę, bo jednak głosują na kościół i na różnych Kaczyńskich. W mojej młodości Polacy byli bardzo mało na Zachodzie, a bardzo dużo mentalnie na Wschodzie. To się bardzo powoli zmienia.

Można się oswoić z tym, że z wiekiem tracimy kolejnych bliskich ludzi?
Jako buddysta nie bardzo wierzę w to, że ludzie żyją i że umierają.

Gdy mi ktoś umrze, to boli.
Mnie akurat nie boli. Mało co mnie rusza. A wie pani, że ja jestem bardzo zdrowy właściwie? Mam tylko jedną chorobę – serce na baterię. A reszta zdrowa.

Jak pan to zrobił?
Nie wiem. Chyba to jest sprawka mojego przyjaciela Belzebuba.

PIES MNIE PODNOSI

Irena Namysłowska

(ur. w 1940 r. w Warszawie)

Profesor psychiatrii, psychoterapeutka, superwizorka, wykładowczyni.
Przez wiele lat prowadziła Klinikę Psychiatrii Dzieci i Młodzieży Instytutu
Psychiatrii i Neurologii w Warszawie. Wieloletnia konsultantka krajowa
w dziedzinie psychiatrii dzieci i młodzieży przy Ministrze Zdrowia. Autorka
ponad setki prac naukowych, a także współautorka książek: *Psychiatria
Dzieci i Młodzieży, Bliskość w rodzinie, Gdy odchudzanie jest chorobą.*
Ostatnio ukazał się wywiad-rzeka przeprowadzony z nią przez Katarzynę
Jabłońską i Cezarego Gawrysia, *Od rodziny nie można uciec.*

Człowiek musi być niezależny,
bo w każdej chwili może wszystkich stracić.
To było motto mojego dorastania.

◆ ◆ ◆

Nie rozumiem tej modlitwy,
która błaga, by uchronić nas od nagłej śmierci.
Dla mnie to jest rzecz wymarzona!

◆ ◆ ◆

Jak chrześcijanin może nie wierzyć
w życie pozagrobowe? Bardzo mnie gnębi, że chyba
jednak nie do końca w to wierzę.

Pani profesor, ile pani ma lat?

Zaczęłam osiemdziesiąty pierwszy.

To dużo?

Nie wiem. Ciało mi mówi, że mam właśnie tyle. Ono mówi: uważaj, nie pędź tak. Głowa mówi inaczej, a dusza jeszcze inaczej. Jest rozdźwięk pomiędzy nimi… No ale wiem, że sportów nie będę uprawiać, to już niemożliwe. Chociaż właściwie to niewielka strata, bo ja i tak nigdy niczego nie uprawiałam. Nie lubiłam.

A głowa? Co mówi?

Głowa mówi: tyle jeszcze jest do zobaczenia, do przeczytania, do usłyszenia, do porozmawiania! Tyle jeszcze do zrobienia dla pacjentów! Jest wciąż poczucie, że mam coś do zaofiarowania innym. I jest dużo różnych zainteresowań.

Ciało się zmienia, ale ja w środku już tak bardzo się nie zmieniam. To znaczy oczywiście, że się zmieniam – w związku z moją pracą, bo przecież nie sposób w tej pracy pozostać niezmienioną – ale to jest raczej rozwijanie się, nie zwijanie.

A w środku ile ma pani lat?

To jest bardzo ciekawe pytanie! Niech pomyślę… na pewno mam już odchowane dzieci, wnuki też nie takie małe… Myślę, że w środku mam jakieś sześćdziesiąt lat.

A ciało ma o dwadzieścia więcej. Ale nie powinnam narzekać, nic przewlekłego mi nie dolega, takie zwyczajne starzenie się organizmu.

Jak się doświadcza zwyczajnego starzenia się organizmu?

Najbardziej mi staje na drodze trudność w poruszaniu się. Ta ogólna niesprawność ruchowa. Nie muszę jeszcze chodzić o lasce, ale trudno mi się przyzwyczaić, że wszystko robię wolniej. Zawsze bardzo szybko chodziłam. Kiedy z mężem szliśmy w góry, to zawsze umawialiśmy się w jakimś punkcie, a potem każde szło sobie – on szedł świetnie, ale wolno, a ja gnałam.

Myślę, że w tym doświadczeniu jest coś więcej niż tylko starzenie się ciała. To jest też połączone ze starzeniem się umysłu. Czasami trudno mi wstać rano, nie chce mi się i myślę sobie, po co to, przecież do niczego nie muszę się już śpieszyć.

Pojawia się cień rezygnacji?

Na pewno jest w tym trochę rezygnacji, zastanowienia się, jaki w tym sens? Jest też strach, bo – mówiłam o tym często – w mojej rodzinie był niesłychanie silny, transgeneracyjny przekaz niezależności. Teraz już sobie z nim trochę poradziłam i próbuję mieć radość też z zależności, ale jednak jest we mnie ten strach, że będę od kogoś zależna i nie wiem, kto by się mną opiekował. Członkowie mojej rodziny są bardzo niezależni... wszyscy mamy z tym kłopot.

Jak to się przejawia?

Kiedy urodziły się moje dzieci, często wybiegałam myślą do przodu: wyobrażałam sobie, kiedy zaczną chodzić, kiedy zaczną mówić, kiedy puszczą moją rękę i będą potrafiły chodzić same...

Jestem psychiatrą, psychoterapeutką, więc zdawałam sobie sprawę, że taki nacisk na samodzielność i niezależność to nie jest dobry przekaz. Nie pozwala głębiej wejść w relacje, przecież elementem każdej relacji jest zależność...

Skąd się ten przekaz wziął?

Zobaczyłam go jasno w moim genogramie, który zrobiłam w trakcie szkolenia dla terapeutów rodzinnych. Miałam trzydzieści osiem lat. Zobaczyłam wtedy jasno moją mamę i historię jej niezależności. Ona przed wojną, jako młoda dziewczyna, sama wyjechała do Paryża zarabiać pieniądze. Na owe czasy to nie było normą.

Miała ukochanego, był żydowskiego pochodzenia. Kiedy wybuchła wojna, Niemcy zamknęli go w getcie. To była wielka miłość, miałam nawet kiedyś takie myśli, że może to był mój ojciec... ale chyba jednak nie. Zaręczyny z nim to także był wyraz niezależności. On w tym getcie zmarł na gruźlicę.

Potem mama wyszła za mąż za mojego ojca, potem ja się urodziłam. Miałam cztery lata, kiedy wybuchło powstanie warszawskie... Mama często później opowiadała, że pamięta tę łunę nad miastem... łunę pożarów...

Po powstaniu wróciła do Warszawy, chciała odszukać swoich rodziców i trójkę braci, którzy walczyli w powstaniu. Okazało się, że wszyscy jednego dnia zginęli.

Pamiętam tę jej powracającą opowieść, to jak mówi, że człowiek musi być niezależny, bo w każdej chwili może wszystkich stracić. To było motto mojego dorastania.

Niezależność miała być obroną przed przeżywaniem straty?

Tak. Tylko potem coraz bardziej zaczęło do mnie docierać, jak to utrudnia głębsze relacje, jak pozostawia człowieka samotnym.

Ale mama miała to w sobie już przedtem. Nigdy nie była posłuszną córeczką, która siedzi w domu i uczy się gotować, jak bywało u innych „panienek z dobrego domu". Kochała brydża, pokera. Pamiętam, że jako dziecko zasypiałam gdzieś na jakichś kanapach, na rzuconych tam płaszczach, bo rodzice grali ze znajomymi do nocy w karty. Oboje lubili hazard!

Dom, w którym teraz siedzimy, to jest pozostałość po tej ich namiętności. Ojciec niedługo po wojnie wygrał na wyścigach – jeszcze ich komuniści nie zamknęli – dużą sumę pieniędzy. Hrabia Potocki, który właśnie opuszczał Łańcut i wyprzedawał obrazy, też tam bywał. Powiedział ojcu: „Jak pan tyle wygrał, panie Eustachy, to proszę ode mnie kupić jakiś obraz". Ojciec kupił więc olbrzymiego Malczewskiego, który zresztą wtedy wydawał mi się paskudny. Potem, kiedy chciałam się wyprowadzić od mamy, sprzedałam go i dzięki temu jest ten dom.

Wróćmy do tego poranka, kiedy pojawia się cień rezygnacji. Co panią wtedy podnosi z łóżka?
Pies mnie podnosi. Bardzo jesteśmy związani. Moja rodzina złośliwie nazywa go „syneczkiem". Śpi w moim pokoju, na swoim posłaniu. I nigdzie nie pójdzie, póki ja nie wstanę. Więc gdy dłużej leżę, to zaczynam się martwić, że on się zsiusia, co mu się już zresztą zdarzyło. Czeka na mnie, bacznie patrzy, czy się poruszę. Dla starszych ludzi zwierzęta są podstawą funkcjonowania. Mobilizują.

Potem wstaje mój mąż, który też jest już mocno starszym panem, również bardzo niezależnym. Jest fizykiem teoretycznym. Ma piękną pasję – usiłuje zrozumieć, jak ten świat powstał i jak działa. Nadal pracuje intensywnie.

Jak długo jesteście razem?
Pięćdziesiąt trzy lata. Z różnymi okresami.

Jak to się robi, żeby być razem pięćdziesiąt trzy lata?
Ważne, żeby każdy miał swoją pasję, swoją przestrzeń.

Tyle miłości, ile wolności?
To po pierwsze. Dwa, to poczucie humoru. Oboje potrafimy spojrzeć na siebie z dystansem, rozładować napięcie. To bardzo pomaga. Ale najważniejsza jest ta pasja. Moją jest psychoterapia, a dla męża nauka. Trochę żyjemy razem, a trochę obok. Zresztą może akurat u nas za bardzo obok…?

Rozumiem, że połączyły się w parę dwie niezależne i silne osoby?

Tak. I teraz już wiem, że u nas obojga potrzeba zależności była strasznie zaprzeczona. Teraz byłoby mi ją łatwiej realizować w związku. Dużo zrozumiałam.

To była tylko praca umysłu czy również doświadczenia?

Doświadczenia patrzenia, jak na moją drogę wchodzi córka. Dzięki temu mogłam na siebie samą spojrzeć z dystansu, poprzez nią. Zobaczyłam, że zaczyna wychowywać dzieci podobnie do mnie, że też jej zależy, by były niezależne i samodzielne. To mi dało do myślenia. Moja córka jest znacznie lepszą matką, niż ja byłam, co do tego nie mam żadnych wątpliwości, ale jednocześnie zaczęłam widzieć minusy tej promowanej przeze mnie niezależności. Zresztą dzięki wnukom pozwoliłam sobie w końcu na większą bliskość.

Może miłość do wnuków nie jest obarczona taką odpowiedzialnością? Łatwiej ich kochać, bo mniej się boimy?

To prawda, tyle że ja nie jestem i nigdy nie byłam osobą lękową. Dowiedziałam się więcej na ten temat, kiedy poszłam na kurs z terapii behawioralno-poznawczej. To był pierwszy kurs w Warszawie, prowadzili go Anglicy i Włosi. Badano tam nasze reakcje lękowe tak, że sprawdzano oporność skóry. W moim badaniu wyszło kompletne zero, nic. To jest trochę śmieszne, bo rzeczywiście nie czuję lęku, natomiast wielu rzeczy się boję. Strach jest wtedy, gdy przyczyna jest zewnętrzna i określona, a lęk ma przyczyny wewnątrzpsychiczne, nieświadome. Na przykład boję się prędkości – jazdy na nartach czy szybkiej jazdy samochodem.

Na co dzień jestem spokojna, więc jakoś od moich lęków muszę być odcięta, bo przecież nie jest możliwe, żeby ich w ogóle we mnie nie było. Może dlatego, że jestem tak mało lękowa, łatwiej mi tę starość znosić?

A jest lęk przed śmiercią?

Często o tym myślę, zastanawiam się. I dochodzę do wniosku, że nie ma we mnie lęku przed samą śmiercią, natomiast boję się tego, co będzie, zanim ona przyjdzie. To jest lęk przed chorobą, przed niesprawnością, przed demencją, zaburzeniami pamięci.

I też tak sobie myślę, że właściwie nie boję się śmierci, boję się nie żyć już. To jest coś innego…

To jest strach czy smutek?

Bardziej smutek. Że tylu rzeczy nie zobaczę. Na przykład tego, jak moje wnuki sobie ułożą życie, czy będą zakochane, a jeśli tak, to w kim, czy będą miały dzieci, gdy się odseparują od rodziców…

A samo umieranie? No cóż, mam pewne fantazje… Nie rozumiem tej modlitwy, która błaga, by uchronić nas od nagłej śmierci. Dla mnie to jest rzecz wymarzona! Gdyby mi obiecano, że tak będzie, to zgoda, może być nawet w nieodległym terminie. Nie chcę powolnego umierania ciała i psychiki. Umierania, ale nie śmierci, bo przecież ona musi być.

Jest takie piękne zdanie Jana Pawła II, który pisze, że śmierć jest wielką tajemnicą i należy ją otoczyć miłością i szacunkiem. To jest dla mnie istota – to otoczenie śmierci miłością i szacunkiem.

A jaki ma pani stosunek do wiary?

Nie jestem osobą głęboko wierzącą, ale formalnie bym się określiła jako katoliczka.

Wierzy pani w życie pozagrobowe?

Pewnie powinnam. Jak chrześcijanin może nie wierzyć w życie pozagrobowe? Bardzo mnie gnębi, że chyba jednak nie do końca w to wierzę. I na pewno wiara to nie jest coś, co mi pomaga w starzeniu się.

Chciałam jeszcze wrócić na chwilę do wspomnienia tego pożaru i łuny. Transgeneracyjnie przekazało się to w ten sposób, że do dziś fascynuje mnie zachód słońca, widok ognia. Zdarzyło się, że kiedy słońce zachodziło nad Warszawą, mało nie spowodowałam wypadku autem, bo zamiast patrzeć na drogę, patrzyłam na to zjawisko. I kiedy o tym opowiadałam na jakiejś konferencji, to profesor Katarzyna Prot-Klinger, która zajmuje się między innymi terapią Ocalałych z Zagłady, zwróciła uwagę, że przecież moja mama widziała nie tylko łuny powstania warszawskiego, musiała widzieć również płonące getto. A za jego murami był ten, którego darzyła wielką miłością. Niestety, nie znam jego imienia. Bardzo żałuję, że tak mało z mamą rozmawiałam o różnych sprawach…

Umiała cieszyć się życiem?
Tak. Wspaniale gotowała, urządzała przyjęcia. W tamtych czasach to przecież nie było proste. Nie powiem, żeby była wesołą, zabawną osobą, ale jednak pełną biologicznej witalności i wiary we mnie, że sobie poradzę, że znajdę swoją drogę.

Dlaczego wybrała pani właśnie ten zawód, a nie inny?
To proste. Byłam humanistką i chciałam studiować historię. Kiedy przed maturą wspomniałam o tym, mama powiedziała, że absolutnie nie ma mowy. Nie mogę iść na historię, bo nie usłyszę tam słowa prawdy, bo jest komunizm, zakłamanie. W takich czasach trzeba mieć wolny zawód, powiedziała, i że do wyboru mam medycynę albo prawo. Pomyślałam, że już wolę medycynę. I że chyba psychiatria będzie humanistyce najbliższa.

Gdy zdałam na studia, to bardzo szybko zapisałam się do kółka psychiatrycznego. Miałam tam wspaniałych nauczycieli, psychiatrów i humanistów: profesorów Bizonia, Piotrowskiego. Znalazłam to, czego szukałam. Odnalazłam sens w psychoterapii rodzin.

Wie pani, że psychoterapeuci żyją i pracują najdłużej?
Nie wiedziałam! Ale czy to wypada tak długo pracować? Nie myśli pani, że jest w tym coś nienormalnego?

Jednocześnie kocham tę pracę, kontakt z drugim człowiekiem jest bardzo ożywiający.

Jest też dużo cierpienia w tym kontakcie.
To prawda, zwłaszcza teraz, w pandemii. Właściwie każdej środy wracam do domu jak zbity pies. Bo w ciągu dnia, godzina po godzinie, widzę nastolatki, które sesję zaczynają właściwie tak samo: „Chcę się zabić"…

Zastanawiam się, dlaczego pandemia tak strasznie dotknęła młodzież? Czy rzeczywiście im tak brakuje kontaktów społecznych? A może boją się o swoich rodziców, że ich stracą? Większość mówi o nieznośnym dla nich uwiązaniu. Myślę, że to jest taki okres w życiu, kiedy nie można być cały czas ze swoimi rodzicami. Jacykolwiek by nie byli – to nie jest dobre ani dla rodziców, ani dla tych dzieci. To jest jakoś wbrew separacji, wbrew indywidualizacji, cofa ich w rozwoju. Trudno patrzeć na ich cierpienie, towarzyszyć w tym.

Wracając do tego, co ożywcze w tej pracy, to myślę sobie, że kardiolog widzi różne chore serca, ale one wszystkie są podobne. A my za każdym razem widzimy innego człowieka. Tu się nic nie powtarza. I to jest fascynujące, to jest coś, co pozwala mi w miarę fajnie żyć.

Czyli ciekawość jest tym, co podnosi rano z łóżka? Oprócz psa, oczywiście.
Tak, chyba właśnie ciekawość świata i ludzi. Nawet w tej okropnej polityce jest coś, co mnie zaciekawia. Na przykład zastanawiam się, jak to może być, że tacy wykształceni ludzie są jednocześnie tak bezmyślni.

Co pani myśli o tym, co się dzieje w przestrzeni społecznej?

Bardzo źle myślę. Teraz szczególnie. Patriotyzm powinien nakłaniać rządzących do myślenia o dobru kraju. Zwłaszcza w pandemii, która jest siłą niszczycielską. A oni zamiast myśleć o państwie, myślą wyłącznie o własnych interesach.

A gdybyśmy popatrzyły na Polskę jak na rodzinę? Jakiej terapii ta rodzina potrzebuje?
Zastanawiam się, jaki tu jest rodzaj dysfunkcji... Na pewno to jest rodzina skonfliktowana.

Może to moja obsesja, ale znowu myślę o przekazach transgeneracyjnych. My chyba wciąż nie wyszliśmy z przeszłości, z traumy wojny, Katynia, Wołynia, Smoleńska, Zagłady, wysiedleń... To wszystko w nas jest, drąży i powoduje ucieczkę do wartości konsumpcyjnych. Pozornych i iluzorycznych.

Mnóstwo traum i one płyną w naszych żyłach?
Tak bym to widziała. Jest taki ciekawy artykuł na temat badań doktora Pawła Holasa i profesor Marii Lis-Turlejskiej – *A w głowach wojna trwa*. Zbadali, że około trzydzieści procent naszych współobywateli – nawet ci, którzy żadnej wojny nie przeżyli – ma objawy PTSD!

Polska była jednym z tych krajów, w których wymordowano największy odsetek jej obywateli. Może to jest jeden z powodów? Ma pani doświadczenie utrat bliskich, ważnych osób, prawda?
Siłą rzeczy. To jest cena długiego życia. Choć mojego ojca straciłam o wiele za wcześnie – miałam dwanaście lat. Wtedy to była zaprzeczona i szybko wyparta trauma, kompletnie nieprzeżyta. Została we mnie w postaci wewnętrznego smutku. Wie pani, jestem postrzegana jako osoba witalna, pogodna, a wewnątrz – tak naprawdę – jestem smutna, nie mam tu wątpliwości. Niech pani tak nie patrzy, nie mówię o depresji, tylko o melancholii. Gdy ktoś nagle zauważy, że jestem dla niego ważna, to mnie zaskakuje. Dlatego dziwi mnie też ta pani propozycja, żebyśmy rozmawiały.

To jest pewnie jakiś brak pewności siebie. Rzadko o tym mówię… bo trudno zrozumieć, że mimo tych wszystkich sukcesów, jakie mam za sobą, pozostaje wątpliwość co do siebie samej. Wracając do utrat – potem była śmierć mojej mamy.

Ile pani miała wtedy lat?

Prawie sześćdziesiąt. Ona długo chorowała. Gasła powoli, jej witalność nikła i to było strasznie trudne dla wszystkich. Stawała się osobą zależną, a tego przecież nienawidziła. Gdy zaczęła chorować, to za wszelką cenę chciała nadal mieszkać sama. Myśmy się na to zgadzali z szacunku dla jej samodzielności, do czasu, kiedy mój syn znalazł ją nieprzytomną i trzeba było ją zawieźć do szpitala. Najpierw była długo tam, potem tu, z nami. Miałam wielkie szczęście, że opiekowała się nią wspaniała pielęgniarka, robiła to z ogromnym szacunkiem. To było coś niesamowitego, jak ta dziewczyna ułatwiła nam czas odchodzenia mamy.

Mogłyście się z mamą pożegnać?

Mama zmarła, kiedy byłam w pracy. Cichutko odeszła. Cieszę się, że tak bardzo nie cierpiała, po prostu powoli się pogrążała w niebycie… Ale śmierć matki to i tak jest trauma. Mówi się czasem: „Może to i dobrze, że odeszła, że już tak nie cierpi", ale to nieprawda. Nigdy nie jest dobry moment na odejście bliskiej osoby. Nigdy człowiek nie jest na to przygotowany. Więc to oczywiste, że było mi wtedy ciężko, ale jednocześnie powiedziałabym – troszkę jak ona – trzeba sobie było z tym dać radę. I już. Chciałabym tylko, żeby moja śmierć była trochę inna, żeby tak nie chorować.

Mamy jakiś wpływ na to, jak umrzemy?

Żadnego.

A jakieś przygotowania pani profesor robi?

Oczywiście. Napisaliśmy z mężem testament.

Wspólny?

Nie, tak nie wolno. Każde z nas musiało napisać osobny. Ale są jednakowej treści i daliśmy je dzieciom, żeby nie musiały nigdzie szukać ani mieć wątpliwości. Wszystko jest podzielone równo na pół.

Możliwa jest rozmowa z dziećmi o własnej śmierci? Moje dzieci nie chcą o tym słuchać.

Moje też nie chcą, zdecydowanie. Mama, daj spokój, jeszcze trochę pożyjesz, mówią. A ja bym chciała porozmawiać, bo mnie strasznie niepokoi, co będzie z psem. On, jako „syneczek", nie jest zbyt lubiany i jestem tego świadoma. Mimo że to w ogóle nie jest kłopotliwy pies. Gdy prowadzę psychoterapię, to zawsze śpi. Po pięćdziesięciu minutach się budzi i wiem, że to koniec sesji. Ale kto go weźmie? To niesłychane, że w kontekście własnej śmierci myślę o tym, co będzie z psem. Zapytałam dzieci, czy obiecują, że się nim zajmą jakby co... oni uważają, że ja go za bardzo kocham. A ja wreszcie sobie pozwalam na taką absolutną, otwartą miłość.

Lidka Mieścicka powiedziała, że ma ze swoim psem - którego wzięła ze schroniska - umowę, że będzie żyła, dopóty on żyje.

To dobry pomysł. Tylko że nasz pies jest pełen życia, ma dopiero sześć lat, a poprzedni pies ze schroniska żył osiemnaście...

A jak się patrzy na życie z perspektywy osiemdziesięciu jeden lat, to co się okazuje ostatecznie warte starania?

Nie wiem. Chciałabym powiedzieć, że miłość, ale chybabym to przeformułowała na bycie z drugim człowiekiem. To nie jest dokładnie to samo. Bycie z drugim człowiekiem to jest zaufanie, poczucie bezpieczeństwa, że mnie nie opuści. Mimo że mój mąż naprawdę żyje fizyką teoretyczną, to całe życie byłam pewna, że mnie nigdy nie zostawi. Może nawet kiedyś był zakochany w jednej pani, ale nie tak, żeby rozważać odejście. On by mi oddał bez wahania nerkę czy serce.

Serce, jak rozumiem, oddał pięćdziesiąt trzy lata temu?
Kiedyś była bardzo nieprzyjemna awantura między nami i uznałam, że dłużej tego nie zniosę i odchodzę. Ale nie miałam torby, żeby spakować swoje rzeczy. I zostałam.

To jest praca i wysiłek – żeby być z drugim człowiekiem nie po coś, tylko pomimo czegoś. Niekoniecznie dla tego, co nam daje, ale właśnie pomimo tego, czego nie daje, pomimo trudności.

Czytała pani książkę Danielle Quinodoz *Starzenie się. Przygoda życia, która trwa?*

Tak. Piękna.
No właśnie dla jednych tak, dla drugich nie. Mam dwie przyjaciółki, które nie mogą jej czytać. Zaczynają, płaczą i odkładają. Mówią, że to nie jest żadna przygoda życia. A dla mnie tak. Mam w sobie dużo akceptacji, że musi być, jak jest. Po to się rodzimy, żeby umrzeć.

Łatwo się mówi.
Ale jest w tym jakaś prawda. Ciekawe, jaki będzie ten koniec, czy coś będzie dalej? Na każdym etapie życia można sobie stawiać nowe pytania.

PODZIĘKOWANIA

Dziękuję przede wszystkim moim Rozmówcom i Rozmówczyniom – za zaufanie, otwartość, szczerość, wzruszenie.

Prof. Nancy McWilliams – za inspirację do napisania tej książki.

Mikołajowi Grynbergowi – za piękną okładkę.

Pawłowi Goźlińskiemu – za tytuł.

Kubie Skrzypkowi – za ilustracje i za odwagę.

Mariuszowi Burchartowi – za czujne oko.

Agnieszce Arendarskiej, Cvecie Dimitrovej, Dorocie Kasprzyckiej-Chądzyńskiej, Jackowi Kołtanowi, Robertowi Kostrzewie, Andrzejowi Lederowi, Zofii Milskiej-Wrzosińskiej, Anastazji Nakov, Katarzynie Prot-Klinger, Marcie Scattergood, Katarzynie Skrzypek, Krzysztofowi Srebrnemu, Cezaremu Żechowskiemu – za wsparcie, szczodrość w dzieleniu się swoimi pomysłami i życzliwe towarzyszenie.

Małgosi Skowrońskiej – za entuzjazm.

Joannie Batorskiej, Katarzynie Kubickiej – za opiekę akuszerską nad tą książką.

Moim Bliskim – Pawłowi, Uli, Jędrkowi za to, że mi kibicują.

Nie należy się peszyć czymś tak
trywialnym jak krótkość życia.
Poza tym trzeba uważnie zamiatać
podłogę. Nie po to, żeby była czysta,
tylko żeby uważnie żyć każdą chwilą.
Poza tym nie warto mieć pretensji
do całego świata. Poza tym mąż
ma mieć ugotowany obiad.
No i nie trzeba wstrzymywać
oddechu na widok staruszków,
nawet niechlujnych. Starością
nie można się zarazić. Trzeba zarobić
sobie na dobrą starość. Najlepiej
– mądrym życiem. Spieszmy się
mądrze żyć – zdają się mówić
bohaterowie książki Justyny
Dąbrowskiej. Mądrej, ważnej książki.

Hanna Krall

Z unikalnym wyczuciem
i wrażliwością Justyna Dąbrowska
zabiera swoich rozmówców
na wędrówkę po ścieżkach życia,
żeby spróbować dotrzeć do punktu,
którego wszyscy wciąż szukamy
– odpowiedzi na pytania,
po co i dlaczego przyszliśmy
na ten świat. Dla dziennikarzy
– znakomita szkoła warsztatu.
Dla czytelników – piękny podręcznik
życia. Niezapomniana książka.

Małgorzata Rejmer